Felix Schell

Arrangieren
für den Gitarristen

Schell Music

Vorwort.

Vor Ihnen liegt „Arrangieren für den Gitarristen", ein Buch zum Thema „Musik-Schreiben". Stellen wir uns die Frage, worum geht es? Zunächst beschäftigen wir uns mit verschiedenen Möglichkeiten, ein Musikstück „auszusetzen". Dabei wird auf unterschiedliche Art eine Melodie mit Bass und Harmonien verbunden. Zwei weitere Dinge stehen darüber hinaus im Fokus: Zum einen die Neu-Harmonisierung (Reharmonisation) und zum anderen der Ausbau einer Bearbeitung zum Werk mit Vortragslänge. Mit den Regeln der Reharmonisation verbessert man die Harmonienfolge und erweitert damit gleichzeitig das Spektrum an möglichen Bässtönen und Zusatzstimmen. Die gewünschte Vortragslänge wird dann erreicht, wenn beispielsweise ein Intro, ein Ending oder Variationen hinzugefügt werden. Zu all diesen Themen bietet „Arrangieren für den Gitarristen" musikalische Beispiele und erklärende Texte. Somit wird dieses Buch für all jene interessant sein, die sich bereits im Arrangieren versucht haben und nun nach einer Methodik mit Struktur suchen. In drei Stufen wird das Ziel erreicht. Im ersten Schritt sammeln Sie musikalische Skizzen und Variationen. Danach erstellen Sie einen Plan, wie diese Skizzen zusammengefügt werden sollen. Im dritten Schritt erfolgt dann die Niederschrift des kompletten Arrangements.

Um erfolgreich schreiben zu können, bedarf es kontinuierlicher Übung. „Übung macht den Meister" - lautet das Motto! Der Unterschied zwischen „Verstehen" (Harmonielehre) und „Anwenden" ist groß. Das „Anwenden-können" setzt eigenes Tun voraus. Hierzu bietet das vorliegende Buch reichlich Anregung.

Viel Erfolg

wünscht Felix Schell

(Hamburg, August 2015)

Schell, Felix: Arrangieren für den Gitarristen - Musik schreiben für Gitarre und kleines Ensemble

Überarbeitete und erweiterte Neuauflage

EAN 9783864110979

ISBN 3-86411-097-1

Verlagsnummer: SM 11097

© 2015 by Schell Music, Hamburg

Inhalt

Die Elemente der Musik.

Die wichtigsten Elemente eines musikalischen Arrangements sind Melodie, Begleitakkorde, Rhythmik und Bass. Die Bedeutung, die diese Elemente im Einzelnen haben, möchte ich im Folgenden kurz erörtern. Danach werden Sie besser verstehen, weshalb Musik einen so großen Einfluss auf den Menschen hat. Oberflächlich betrachtet unterscheiden sich Instrumente im Klang und in der Tonhöhe. Denken Sie an eine Piccolo-Flöte und an einen Kontrabass! Geht es lediglich um die Abdeckung eines weiten Frequenzspektrums oder fallen diesen beiden Instrumenten auch spezifische Aufgaben zu? Sprechen die beiden Instrumente vielleicht unterschiedliche Sinne an? Betrachten wir deshalb einmal die einzelnen Elemente genauer.

Die Melodie.

Die Melodie kann von einer menschlichen Stimme gesungen oder von einem Melodieinstrument gespielt werden. Jedes Kind erkennt ein Lied an der Melodie, Bass und Begleitung werden nicht so bewusst wahrgenommen.

Der Bass.

Der Melodie gegenüber steht der Bass als Träger des Gefühls. Gefühle werden gewöhnlich dem Bauch zugeordnet (man denke an: „satter Bass"). Der Bass erfährt eine untergeordnete Wahrnehmung durch den Verstand.

Die Begleitakkorde.

Moll und Dur, Trauer und Freude, Regen und strahlender Sonnenschein, die Akkorde symbolisieren Stimmungen, die sich aus inneren und äußeren Einflüssen ergeben.

Puls, Metrum, Rhythmus.

Der Rhythmus spricht über Puls und Herzschlag unser Gefühl für die Zeit an. Dass Rhythmus den menschlichen Puls beeinflussen kann, ist eine allgemein bekannte Tatsache.

Auch wenn keine Percussion im einem Ensemble eingesetzt wird, so hat die Musik dennoch ein Metrum und einen inneren Puls.

Zusammenfassung: Melodie, Bass, Akkorde und Rhythmus sind die Bestandteile eines jeden Arrangements und die Elemente, mit denen wir uns im Folgenden beschäftigen werden.

Über Arrangieren und Komponieren.

Wer arrangiert, der schreibt! Die Notenschrift wird über zahlreiche Ländergrenzen hinweg verstanden. Neben der Möglichkeit, Musik für andere zu schreiben, dient sie dem Musiker zum Fixieren und Sammeln. Kurzum, die Notenschrift ermöglicht es dem Musiker, einen eigenen „Ideenschatz" anzulegen.

Das vor Ihnen liegende Buch handelt vom Arrangieren. Doch wovon gehen wir aus? Damit wir ein Lied arrangieren können, benötigen wir zunächst einmal eine Komposition. Dabei kann man auf eine bestehende Komposition zurückgreifen oder vorab eine eigene Komposition verfassen. Dem Prozess des Arrangierens geht also das Komponieren voraus.

<u>Merke:</u> Grundlage des Arrangierens ist das „Lead Sheet".

Das Lead Sheet, zu deutsch „Melodien-Blatt" ist die Kurzversion einer Komposition, bestehend aus Melodie mit Akkordbezifferung.

<u>Beispiel für eine Lead-Sheet-Notation:</u>

Tipp: Wenn Sie selbst komponieren, sollten Sie Komposition und Arrangement voneinander trennen! Ein Leadsheet ist Grundlage verschiedener Bearbeitungen.

Die 4 Bausteine eines Arrangements.

Die fundamentalen Bestandteile eines Arrangements sind:

1. Der Bass

2. Die Melodie

3. Der Rhythmus

4. Die Akkorde

Wir unterscheiden in der Musik zwischen Melodie und Begleitung. Das Spielen der Akkorde auf einem Instrument beinhaltet neben der reinen Harmonie (Klang) auch Bass und Rhythmus. Indem wir einen Akkord rhythmisch anschlagen, führen wir (meistens) eine Unterteilung in Bass einerseits und Akkord andererseits herbei (siehe Beispiel unten). Wenn wir weiterhin zur Gitarre singen und auf diese Weise die Melodie mit der Begleitung verbinden, so haben wir alle fundamentalen Bestandteile eines Arrangements berücksichtigt („Ein-Mann-Band").

1. Gitarrenbegleitung:

2. Gitarrenbegleitung, verteilt auf Gitarre und Bass:

Die Gitarrenbegleitung (1) vereint Rhythmus und Bass, die Melodie wäre, beispielsweise durch Singen zur Gitarre zu ergänzen. Im Ensemble (2) werden Bass und Rhythmus auf zwei Instrumente verteilt, denkbar in einer Combo-Besetzung (Bass und Schlaggitarre).

Kapitel 1

Melodie, Bass, Akkorde

Eine gebräuchliche Art des Arrangierens liegt in der Kombination von Melodie und Bass. Zahlreiche Spielstücke der leichten Gitarrenliteratur sind in dieser Art bearbeitet. Werden darüber hinaus noch Akkordtöne eingebracht, so führt dies zu größerem Klangreichtum.

Bassfiguren.

Basslinien verfolgen eine stetige, gleichbleibende Rhythmik. Es ist eine „Monotonie" im positiven Sinne mit der Folge eines stabilen Fundamentes. Der Arrangeur wird in der Regel eine stilistisch passende (S.18), sich wiederholende Bassfigur setzen und sie lediglich den wechselnden Akkorden gemäß in der Tonhöhe abstimmen.

Basis-Bassfiguren:

Ebenen und Kontrast.

Denken Sie in einem 2 - Ebenen - System, wenn Sie Melodie und Bass kombinieren. Schreiben Sie die Melodie konsequent mit „Hals nach oben" und den Bass ausnahmslos mit „Hals nach unten". Schaffen Sie außerdem Kontrast! Zu einer „bewegten" Melodie mit kurzen Tonwerten gesellen sich gerne lange Notenwerte im Bass. Entsprechend kombinieren Sie lange Melodienoten mit einer Abfolge kurz klingender Basstöne.

Bass und Melodie.

Viertelnoten in der Melodie treffen auf lange Basstöne:

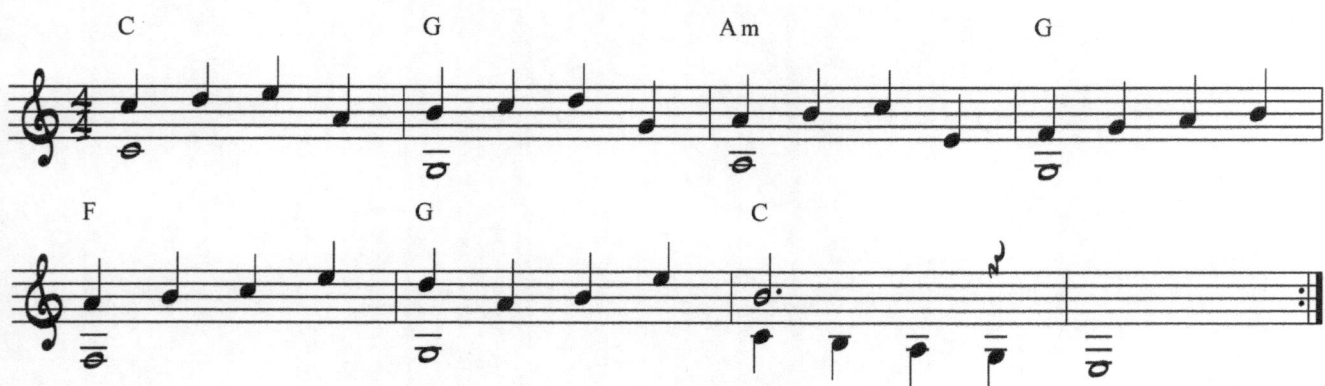

Lange Melodietöne - kurze Bässe.

Variation Takt 2: Einen schönen „Bass-Durchgang" erhält man, wenn an Stelle des Grundtons „g" die Terz „h" einsetzt.

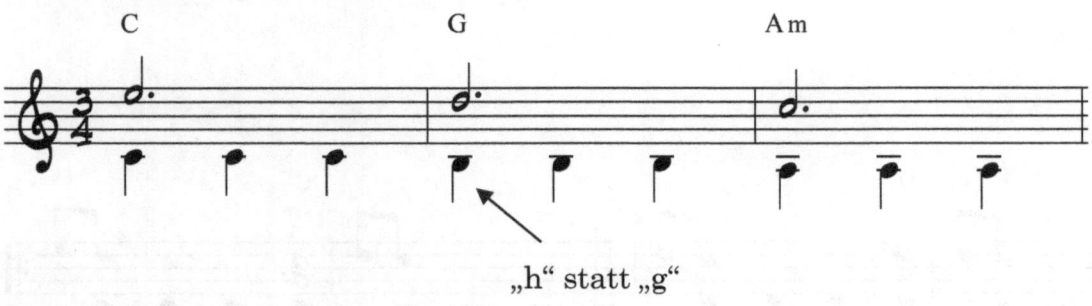

„h" statt „g"

Kurze Melodietöne - lange Bässe.

Die Hinzunahme von Akkordtönen.

Ein reines Melodie/ Bass - Arrangement klingt meist ein wenig „leer". Mit der Hinzunahme von Akkordtönen wird der Klang voller und schöner. Das wichtigste Akkordintervall ist die Terz (Moll oder Dur), gefolgt von der Quinte.

In den folgenden drei Beispielen erhält der jeweils erste Melodieton eines Taktes Akkordtöne. Achten Sie beim Schreiben auf gute Spielbarkeit.

Beispiel 1:

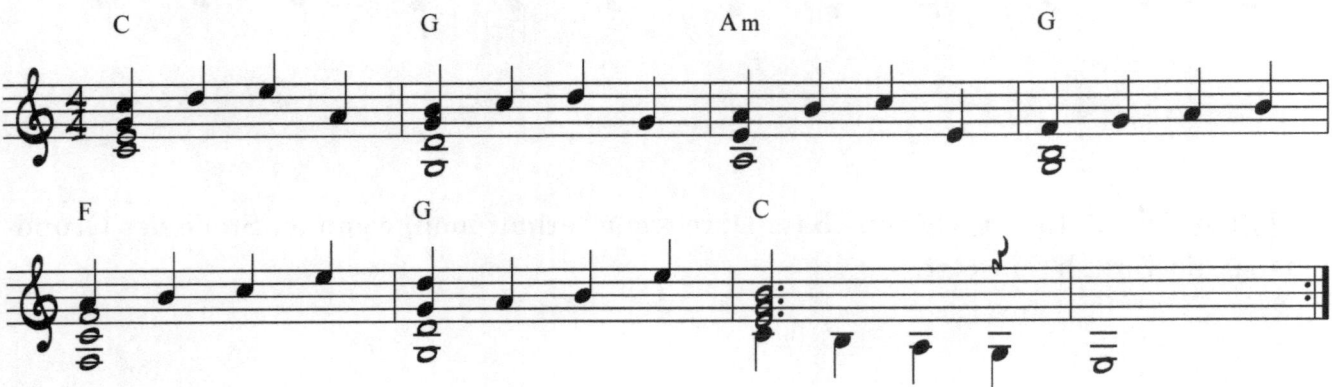

Beispiel 2:

Beispiel 3:

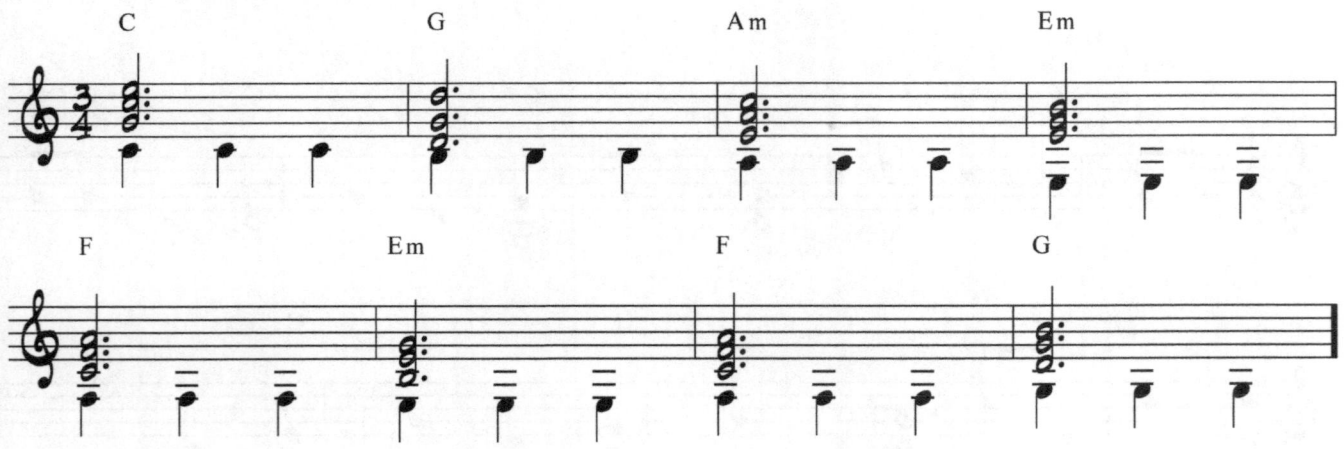

Tipp: Halten Sie bei ihren Bearbeitungen folgende Reihenfolge ein: 1. Melodie und Bass schreiben, und 2. die Akkordtöne hinzufügen.

Akkordtöne im Bass.

Eine Alternative zum mehrfach wiederholten Grundton besteht darin, die Akkordtöne des Begleitakkordes (Grundton, Terz und Quinte) in den Bass zu legen.

Beispiel 4:

Vem kann segla:

Diese Bearbeitung weist beides auf: Grundtöne im Bass und Akkordtöne im Bass.

Veränderungen in der Melodie - Subdivision.

Da die Gitarre (Ausnahme: E-Gitarre) naturgemäß keine langen Töne (ohne Abnahme der Lautstärke) hervorbringt, setzt man an deren Stelle eine Folge kurzer, gleichhoher Töne. Diesen Bearbeitungsschritt nennt man *Subdivision (=Unterteilung)*. Die ultimative Teilung finden wir schließlich im *Tremolo (32-tel)*! Eine tremolierte Melodie wird immer eine Melodie sein, welche aus wenigen langen Tönen besteht (z. B.: Refrain „O Sole Mio"). Ihr zugesellt sind meist Akkordtöne im Bass. Eine gute Spielbarkeit ergibt sich bei einer großen Zahl „leer" gespielter Bass-Saiten, z.B. in den Tonarten A, D, Em, Am, Dm.

Variation 1:

Variation 2:

Variation 3:

Kurzschreibweise und Ausführung:

Die „Verdichtung der Melodie" kann bis zum Tremolo (32-tel) weitergeführt werden.

Aufgaben und Musterlösungen zu „Scarborough Fair".

Ich möchte Sie nun auffordern, das Arrangieren anhand von „Scarborough Fair" (siehe unten) zu üben!

1. Schreiben Sie eine Melodie-Bass-Version, ein Basston pro Takt und Akkord.

2. Ergänzen Sie Akkordintervalle auf ausgesuchten Melodietönen.

3. Legen Sie in einer 3. Version zwei verschiedene Basstöne in jeden Takt.

4. Legen Sie in einer 4. Version drei verschiedene Basstöne in jeden Takt.

5. Vergleichen Sie ihre Ergebnisse mit denen der Musterlösungen.

Verwenden Sie Notenpapier und einen nicht zu harten Bleistift. Es ist ratsam, sich erst dann die Musterlösungen anzuschauen, wenn ihre eigenen Arbeiten fertig sind. Ihre Ergebnisse müssen nicht mit denen der Musterlösungen übereinstimmen! Arrangements fallen von Natur aus sehr unterschiedlich aus.

Scarborough Fair.

Trad.

15

Musterlösung 1:

Musterlösung 2:

Musterlösung 3:

Musterlösung 4:

Der rhythmische Bass.

Bass-Figuren *(Bass-Patterns)* variieren von Stil zu Stil. Die Unterschiede reichen von *Wechselbass* (Country) bis *Walking-Bass* (Jazz). Wie bereits auf Seite 10 beschrieben, so wird auch ein stilistisches Pattern konsequent (während eines Stückes oder einer Passage) beibehalten. In einem Soloarrangement für Gitarre kann man versuchen, Bassfiguren gemäß der Stilrichtung einzubauen.

1. Wechselbass Blues:

2. Boogie - Bass:

3. Rock/ Blues - Steady Bass:

4. Latin/ Pop - Bass:

5. Samba/ Bossa - Wechselbass:

6. Fingerpicking - Wechselbass:

GT   Terz   Quinte   Terz

7. Jazz/ Walking - Bass:

Ein Walking Bass besteht aus Akkordtönen und *Chromatic Approach's* („chromatische Hinführungen"). Charakteristisch sind Viertelnoten und spontanes Komponieren (nach Akkordsymbolen). Ein Gitarrenarrangement mit Walking-Bass ist etwas für versierte Spieler und findet seinen Ausdruck in der *Walking/ Comping-Technik*.

Die goldene Regel - schreibe zuerst den Bass!

Einmal angenommen, Sie verfügen über ein Leadsheet (S. 7) und möchten nun ein Arrangement anfertigen, so ist es ratsam, den Bass zuerst zu schreiben. Man wechselt erst dann zur Melodie, wenn die Bassstimme „rund" ist. Es ist leichter, alle anderen Stimmen zu einem fertigen Bass/ Drums hinzuzuschreiben, als umgekehrt. Man vermeidet durch diese Vorgehensweise „verfahrene Situationen". Dies gilt auch für ein Gitarren - Solo - Arrangement. Die Tonart, die Spielpositionen der Melodienoten orientieren sich am Bass, nicht umgekehrt.

Den Bass „auf Lücke" setzen.

An den Beispielen von „Vem kan segla" und „Michael Row the Boat Ashore" soll noch eine weitere Möglichkeit der Bearbeitung gezeigt werden. Es geht darum, die „Lücke" (lange Melodienoten, Pausen) mit einem Baßton zu füllen.

Vem kan segla:

Michael, Row the Boat Ashore:

Spielanweisung „freely".

Bei der Interpretationsanweisung „freely" orientiert sich der Spieler nicht an einem vorgegebenen Tempo, sondern setzt auf eine „geatmete Melodiesequenz". Die einzelnen Sequenzen einer Melodie sind durch „Kommata" getrennt. Freie Interpretationen sind meist gekoppelt an einen Bass oder einen Akkord „auf Lücke". Fällt der Bass konsequent auf die Hauptzählzeiten, so wird damit in der Regel eine an Metrum und Tempo orientierte Ausführung verbunden sein.

Einen Akkord „auf Lücke setzen" („Stützakkord").

Eine beliebte Arrangiermethode findet man im *Carter Style*, benannt nach der Countrymusik der *Carter-Family*. Eine Melodie auf den Bass-Saiten der Gitarre gespielt, wird in den „Lücken" mit Akkorden aufgefüllt. Da diese Technik Stabilität in ein Arrangement bringt, spricht man auch (… jetzt kommt ein anschaulicher, altertümlicher Ausdruck!) von *Stützakkorden* (Bsp.: 1). Die Tonhöhen können gewechselt werden (Bsp.: 2 - „Greensleeves").

Melodie tief - Akkordeinwürfe hoch (Michael, Row the Boat …): *trad. Gospel*

Der Carter-Style wird meist mit dem Plektrum gespielt (*Flatpicking*).

Melodie oben - Akkordeinwürfe tief (Greensleeves):

Engl. Lied

Akkordtöne können …

1. mit einem Melodieton verbunden werden.

2. auf „Lücke" gesetzt werden.

Das Folkpicking-Arrangement.

Allzeit beliebt ist die Folkpicking-Spielweise (Gitarre). Ob als spezielle Akkord-Zupftechnik zum Gesang oder als instrumentales Spielstück - das Folkpicking hat immer Konjunktur. Wie der Name schon sagt, handelt es sich um ein Anschlagmuster für Folklore. Damit verbunden sind meist eine einfache Rhythmik mit Viertel– und Achtelnoten sowie Dreiklänge. Aus den unten angegebenen Pick-Mustern (7 Takte/ 7 Muster) können, je nach Spielstück, passende ausgewählt werden. Achtelfiguren fallen bei der instrumentalen Bearbeitung wieder auf „Lücke", bei einer Liedbegleitung können die Achtel durchgängig gespielt werden.

Wechselbass

Betonung: 2 x punktierte Viertel, Viertel

Achtelfigur „auf Lücke"

1. Au Clair de la Lune

Franz. Lied

2. Kumbajah, My Lord

Spiritual

3. Banks of the Ohio

Trad.

Intro, Ending, Mittelteil.

Für jeden Arrangeur ist es wichtig, über ein Repertoire an gut klingenden Akkordfolgen verfügen zu können. Diese Akkordfolgen helfen beispielsweise beim Anfertigen eines Intros oder Endings. Legen Sie sich ihren eigenen „Schatz" an Wendungen an!

1. C - G7 - Am - G - C/ charakteristisch ist die Bassbewegung.

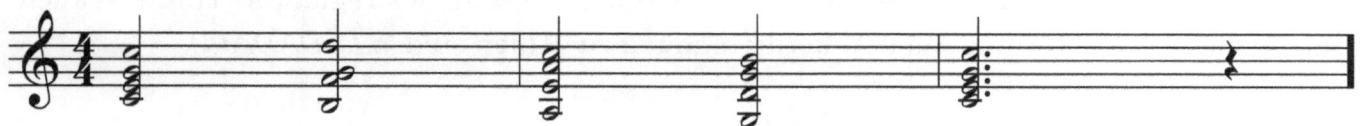

2. Bass verläuft abwärts, bei mehr oder weniger gleichbleibenden Akkordtönen.

3. Poppige Folge in D-Dur, spielt mit der Veränderung im Bass.

4. chromatisch abwärts verlaufende Linie im Bass, Erweiterung eines Em.

5. Mollakkord mit abwärts verlaufender Basslinie (sehr häufig).

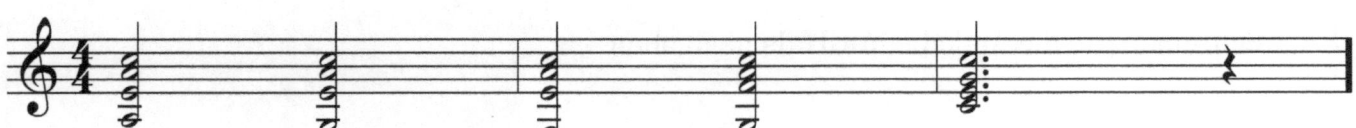

Das Open Tuning - Arrangement.

Kombiniert man das Folkpicking mit einem *Open Tuning (*)*, *so* erhält man überaus reizvolle Arrangements. Bei einem *Open Tuning* wird die Gitarre auf Akkord gestimmt. Das reguläre Tuning wird geändert. Ein sehr beliebtes Open Tuning ist *Open G*. Die Saiten 6, 5 und 1 werden um jeweils einen Ton tiefer gestimmt. Die Stimmung lautet **D-G-D-g-h-d**. Zu einem Open Tuning gibt man, wegen der ungewohnten Tonlagen, meist die Tabulatur dazu. Ein mit *Hammer On (H.O.)* und *Pull-Off (P.O.)* Techniken versehenes Arrangement klingt besonders schön (Beispiel 2).

Alternate Tuning ist ein Oberbegriff für alle Tunings jenseits des regulären Tunings, auch jenen, die nicht unter eine reine Akkordstimmung zu zählen sind *(z.B. DADgad)*.

„Der Mond ist aufgegangen" (Open G).

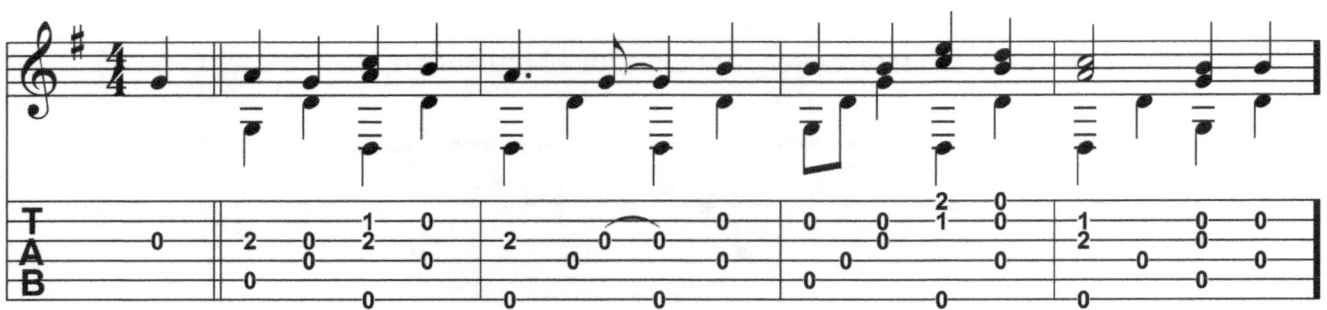

„Weißt Du wieviel Sternlein stehen" (Open G).

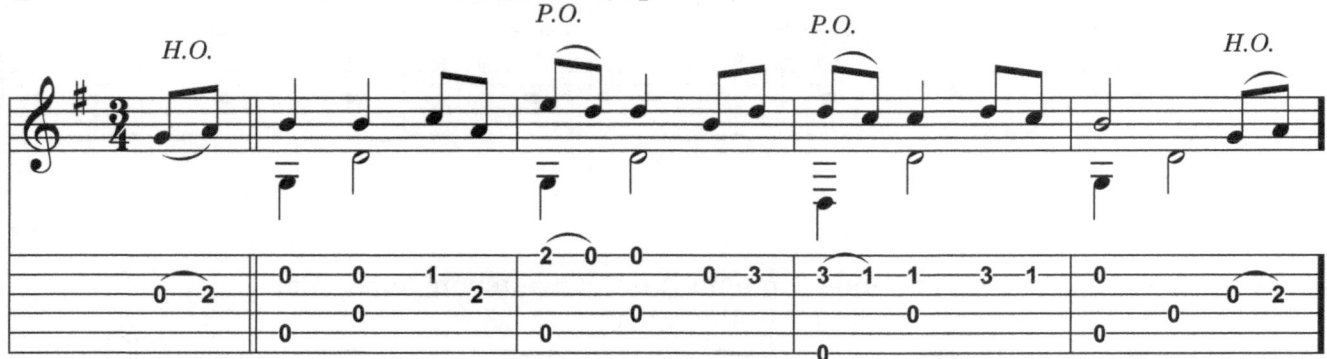

<u>Die Vorgehensweise ist folgende:</u>

1. Wählen Sie ein passendes Open Tuning

2. Schreiben Sie den Bass mit Hals nach unten

3. Schreiben Sie die Melodie mit Hals nach oben

Literaturhinweis: Open Tuning Chord Book (Schell Music SM 7000)

Latin-Arrangements.

In der Latinmusik treffen zwei Ebenen unterschiedlicher Rhythmen aufeinander:

1. Der „gerade" Grundbeat mit einer Betonung auf die Zählzeiten 1 und 3.

2. Eine synkopische Begleitung oder Melodie.

Bei einem Arrangement für Gitarre können verschiedene Möglichkeiten der Stimmenverteilung zum Einsatz kommen.

Beispiel 1: (Bass = Viertelnoten)

Beispiel 2: (Bass = Halbe Noten)

Beispiel 3: (Bass = Ganze Noten)

Beispiel 3: (Bass = punktierte Halbe/ Viertel)

25

Beispiel 5: (Veränderung der Melodie bzw. Zwischenstimme: „Montuno")

Beispiel 6: (Veränderung der Melodie bzw. Zwischenstimme)

Beispiel 7: (Synkopierung wird in den Bass verlegt)

Beispiel 8: (gleichzeitiger Anschlag von Melodie und Bass, synkopische Mittelstimme)

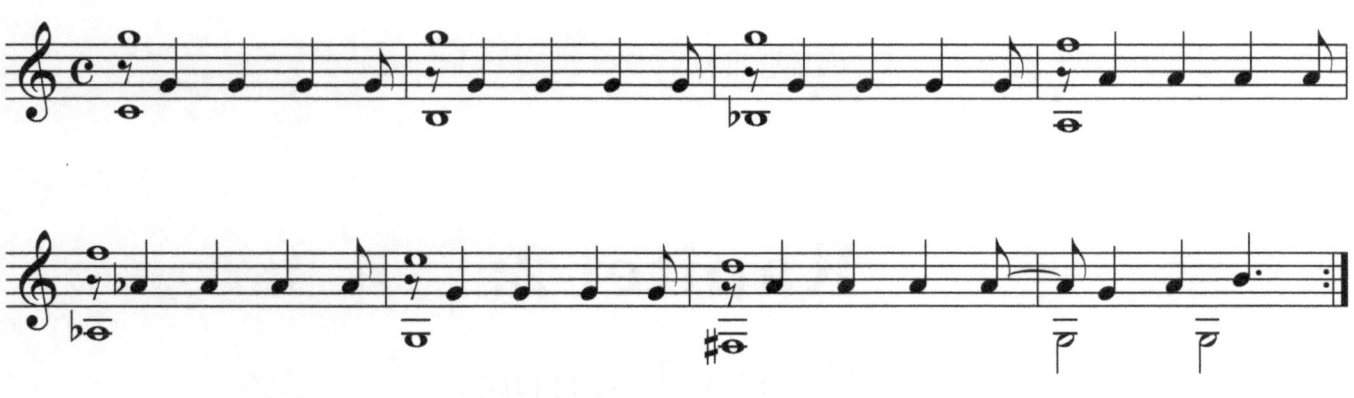

Beispiel 9: (Variierung der Mittelstimme)

Barrée 1. Bund

Die lateinamerikanische Musik ist reich an Rhythmen mit ganz speziellen regionalen Prägungen. Hinzu kommt, dass anders als in Afrika (Trommel, Percussion), die Gitarre (neben Flöte) in der Beliebtheit weit oben rangiert. Die westliche Musik hat die bi-rhythmischen Konzepte der südamerikanischen und afrikanischen Ländern teilweise adaptiert, ein tiefergehendes Verständnis steht noch aus. Dass wir heute ebenfalls mit bi-rhythmischen Strukturen musizieren, ist ein Prozess, der im 19. Jahrhundert mit „Habanera" (Bizet) oder mit dem Tango „La Paloma (Yradier)" begann. Das gleichzeitige Spielen von gerader und synkopischer Rhythmik beginnt mit einem durch den Fuß ausgeführten Grundbeat („gerade") und einer synkopischen Ausführung der Begleitung oder der Melodie.

Kapitel 2:

Die Begleitung.

Eine Begleitung gibt der Melodie „Farbe". Begleitungen sind gestaltbar. Unter einer Reharmonisation versteht man die Bearbeitung der Begleitharmonien. Diese „Neu-Harmonisierung" steht direkt am Anfang eines Arrangements. Mit den „neuen" Harmonien lassen sich nicht nur weitere Basstöne, sondern auch interessant klingende Zusatzstimmen ableiten. Ein nachträgliches Ändern einzelner Harmonien macht die Bearbeitung unnötig kompliziert. Man vermeidet dies, indem man genügend Zeit für die Phase der Harmonisierung einplant.

Die Begleitung.

Wir unterscheiden zwischen Melodie und Begleitung. Die Reharmonisation ist eine Bearbeitung der Begleitung. Bevor jedoch auf die die Reharmonisation näher eigegangen wird, werfen wir einen Blick auf diejenigen Regeln, die zwischen Akkorden gelten.

Über das Bindungsverhalten von Akkorden.

Es ist wichtig zu verstehen, dass Akkorde nicht beliebig wechseln! Dies soll kurz an einem Beispiel erörtert werden. Es ist unvorstellbar, bei der gängigen II-V-I (Dm-G7-C) Kadenz die Akkorde zu vertauschen. Kurzum, eine G7-Dm-C Akkordverbindung ist definitiv keine Option! Wir können also festhalten: Die Stufe II steht immer vor Stufe V.

Über Kadenzen.

Gängige Akkordfolgen werden als Kadenzen bezeichnet. In Musikerkreisen bekannt ist die 16-25 Kadenz (I—VI—II—V), also z.B. C - Am - Dm - G7. Auch hier ist ein Austausch der Akkorde untereinander keine Option. Warum eigentlich nicht?

Die Stimmführung.

Die einzelnen Töne eines Akkordes werden als *Stimme* bezeichnet. Die erste Stimme finden wir ganz oben, die zweite Stimme darunter u. s. w. Beim Wechsel zweier Akkorde gibt es, neben sich verändernden, auch gleichbleibende Töne. Es sind diejenigen Töne, die den wechselnden Akkorden gemeinsam sind. Töne, die sich ändern, lösen sich meist „nach unten hin" auf. Dies ist auch der Grund, weshalb Akkorde gesetzmäßig aufeinander folgen.

Die Stimmführungsregel.

In der Begleitung erhält man „weiche", harmonische Übergänge, wenn die Stimmführungsregel beachtet wird, die besagt, dass gleiche Töne in der gleichen Stimme gehalten werden. Dies ist nicht immer möglich, weshalb an ausgesuchten Stellen „gesprungen" werden muss („springen"/ Lage wechseln und „fallen"/Auflösung).

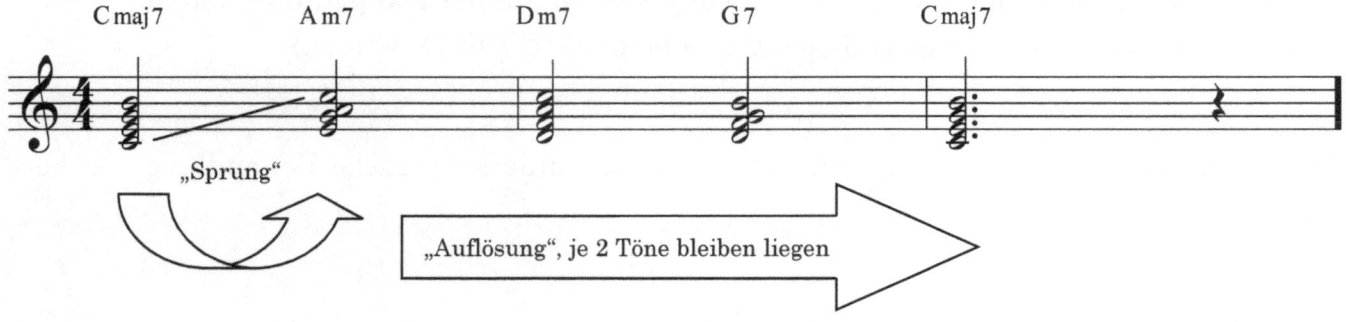

Literaturempfehlung: „Changes für Pop, Rock, Blues & Jazz, Schell Music 11070

Stimmführung bei Gitarrenakkorden.

Das Beispiel von Seite 29 (unten) dient der theoretischen Erklärung und kann nicht 1:1 auf die Gitarre übertragen werden. Man sollte die Stimmführungsregel jedoch im Sinne der Gitarre anwenden. Schauen wir uns hierzu exemplarisch einen Akkordwechsel an:

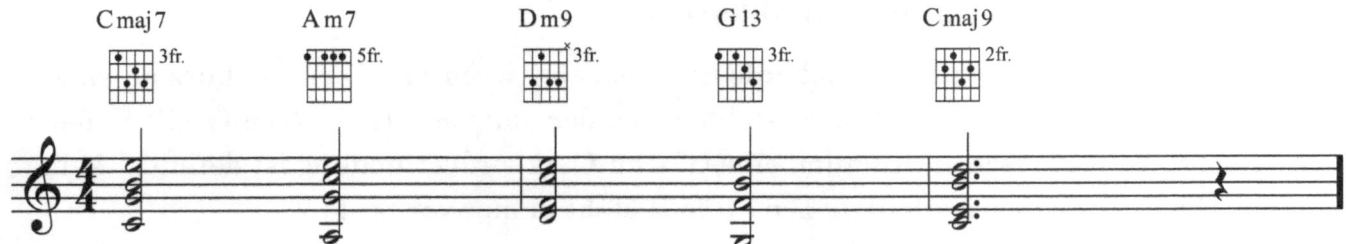

Studieren Sie getrennt die Stimmen 1 - 3; in der 4. Stimme liegt der Bass.

Der Spannungston (Tension tone).

Man kann eine Tonleiter in zwei Bereiche unterteilen. Im Falle der C-Dur Tonleiter hat man zum einen die *tonikaaffinen Töne* c, e, g, a und zum andern die *dominantaffinen Töne* g, h, d, f. Grundsätzlich fällt der Tonikaakkord (C-Dur) mit den tonikaaffinen Melodietönen zusammen. Dies trifft jedoch lediglich auf die betonten Taktteile zu (Zählzeit „1" und „3"). Auf den unbetonten Zählzeiten nimmt man in der Regel keinen Wechsel vor, um nicht auf die klanglich reizvolle Spannung zu verzichten.

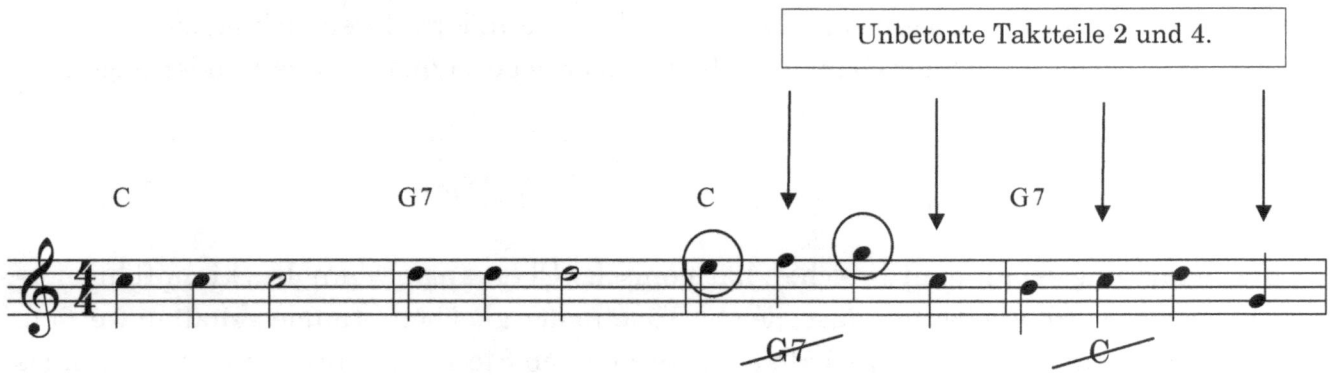

Der sus4-Akkord: Spannungston auf der Hauptzählzeit.

Beim sus4-Akkord tritt die Quarte an die Stelle der Terz (Csus4 = c, f, g). Der dominantaffine Ton „f" kann in Verbindung mit einem sus4-Akkord auf der Hauptzählzeit stehen, zwingend ist jedoch die kurzfristige Auflösung zu einem „e" (C-Dur Dreiklang).

Merke: Bei der Harmonisierung achtet man auf die unterschiedliche Behandlung von betontem und unbetontem Taktteil.

Akkordlagen in der Begleitung.

Aus der Harmonielehre kennen wir die Akkordlagen Grundstellung sowie erste und zweite Umkehrung. Bei einer Begleitstimme haben wir nun die freie Wahl, mit welcher Lage begonnen werden soll. Grundsätzlich ist nun darauf zu achten, dass die erste Stimme in den Akkorden nicht mit der Melodie „konkurriert", dass man also nach Möglichkeit melodiegleiche Töne in der ersten Stimme der Akkorde vermeidet.

Die Begleitung kann auch durchaus oberhalb der Melodie verlaufen.

Die Stufenharmonik.

Eine diatonische Tonleiter besteht aus 7 Tonstufen. In der Tonart C-Dur sind dies c, d, e, f, g, a und h. Auf jeder einzelnen Tonstufe werden nun in *Terzschichtung* (*) Akkorde gebildet. Es entstehen dabei die *Stufenakkorde* I bis VII. Das Zusammenwirken der Akkorde mit Stufen zu beschreiben, hat den Vorteil der Tonart-Neutralität. Die Gesetzmäßigkeiten sind auf alle Tonarten gleichermaßen anwendbar (*Stufenharmonik*). Auf den Stufen I, IV und V findet man die *Dur-Hauptstufen* (Tonika, Subdominante, Dominante) auf den Stufen II, III und VI die *Moll-Nebenstufen*.

Stufenakkorde der Tonart C-Dur:

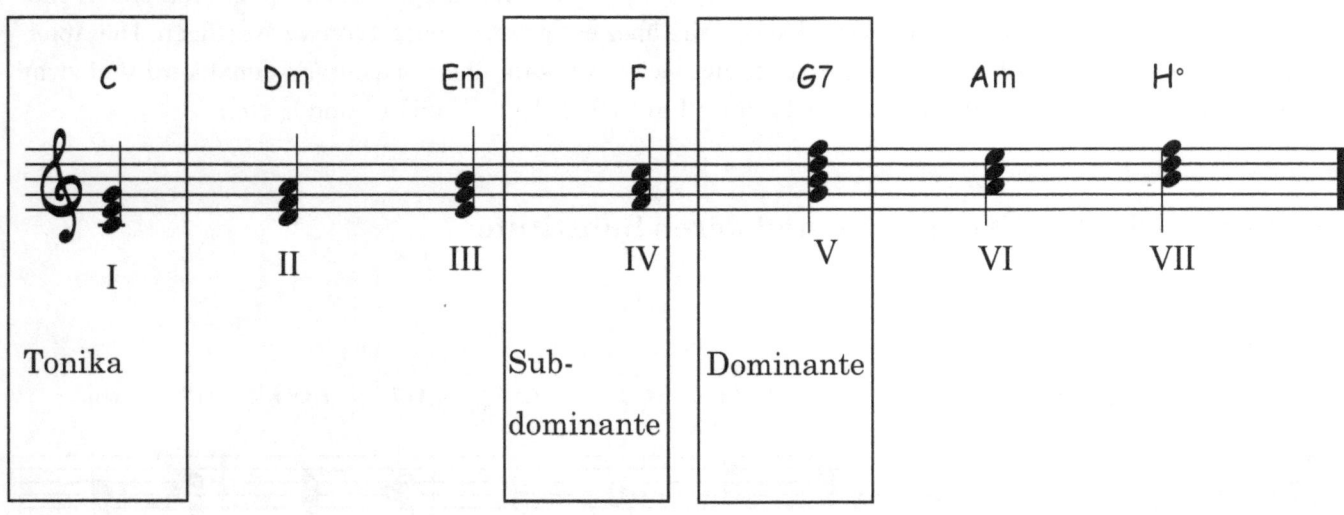

* Begriff: Werner Pöhlert, Grundlagenharmonik

Tabelle mit Stufenakkorden, Tonarten F, C, G, D, A, E:

TONIKA	I	II	III	IV (Subdominante)	V (Dominante)	VI	VII
F	Gm	Am	B	C7	Dm	E°
C	Dm	Em	F	G7	Am	H°
G	Am	Hm	C	D7	Em	Fis°
D	Em	Fism	G	A7	Hm	Cis°
A	Hm	Cism	D	E7	Fism	Gis°
E	Fism	Gism	A	H7	Cism	Dis°

Reharmonisationsregeln.

1. Die Dominante (V) kann immer (!) mit der Stufe II vorbereitet werden (in C-Dur: Dm - G7 - C anstelle von G7 - C).

2. Die Dominante (V) kann meist durch deren Dominante (V2, Dominante der Nachbartonart, siehe Tabelle oben) vorbereitet werden (in C-Dur: D7 - G7 - C anstelle von G7 - C).

3. Die Verwendung von Mollnebenstufen *(Substitut-Akkorde)*.

Zur Erklärung: Die Nebenstufen in Moll (II, III und VI) stehen in direktem Bezug zu den Hauptstufen und gelten als deren Stellvertreter. Es sind deren *Substitute*. Doch welche Haupt– und Nebenstufen bilden eine Gemeinschaft? Es sind jeweils diejenigen Akkorde, die über ein *gemeinsames Terzpaar* verfügen. Die Ableitung der Substitute ist einfach. Ein Substitut findet sich jeweils im übernächsten Stufenakkord und zwar in beiden Richtungen „aufwärts" wie „abwärts" (also I mit III und VI, IV mit VI und II etc.).

Übersicht: Die Dur-Hauptstufen und deren Substitute.

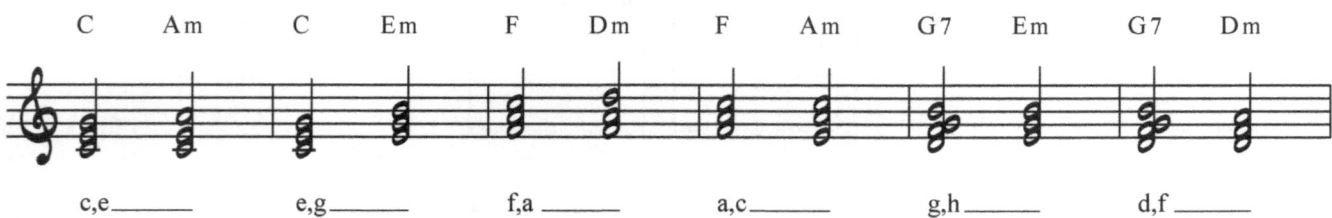

| C | Am | C | Em | F | Dm | F | Am | G7 | Em | G7 | Dm |

c,e_____   e,g_____   f,a _____   a,c_____   g,h _____   d,f _____

„c" und „e" sind die gemeinsamen Töne von C und Am etc.

Die Reharmonsationsregeln anwenden.

Versuchen wir nun, Regel 1 der Reharmonisation anzuwenden, und setzen wir vor Stufe V eine Stufe II:

```
 C              G7                    C              Dm  G7
„Hänschen klein, ging allein …“  wird zu „Hänschen klein, ging allein …“
```

```
 C         G7                  C         Dm  G7
„Sur le pont, d' Avignon …“  wird zu „Sur le pont, d' Avignon …“
```

```
 C                                    Dm G7
„I came from Alabama with my banjo on my knee …“
```

2. Reharmonisationsregel (Einsatz der Vordominante):

```
 C                        D7         G7
„I came from Alabama with my banjo on my knee …“
```

```
 C          D7   G7
„Sur le pont, d' Avignon …“
```

3. Einsatz von Mollnebenstufen:

```
 C      Am   Dm  G7
„Hänschen klein, ging allein …“
```

```
 C     Am  Dm  G7 Em  Am   Dm    G7
„Sur le pont, d' Avignon, L'on y dance, L'on y dance
```

```
 C          Am (A7**)        D7          G7
„I came from Alabama with my banjo on my knee …“
```

** weitere Vordominante, mit leichter Veränderung der Melodie möglich.

Die Subdominantenkadenz (SDK) - 4. Reharmonisationsregel

Beim Wechsel von der Tonika zur Subdominante kann eine sogenannte Subdominantenkadenz (SDK) eingesetzt werden. Zwischen C und F wird ein C7 gesetzt (C - C7 - F)

Tabelle verschiedener Varianten der Subdominantenkadenz:

Rückführung stets variabel

C				F			
C		C7		F		Fm	
C		C7		F		F#°	
C		C7		F		Ab	
C		Cmaj7	C7	F		Fm oder F#°	
C	C+	C6	C7	F		Fm oder F#°	
C		E7		F		Fm oder F#°	
C maj7		Gm7	C9	Fmaj7		Fm7	

Der folgende Spiritual **„Amazing Grace"** soll nun mit SDK's neu harmonisiert werden.

34

Reharmonisationen zu „Amazing Grace".

Der Wechsel von der Tonika zur Subdominante ist charakteristisch für den Spiritual „Amazing Grace". Wir werden verschiedene SDK' s auf Verwendbarkeit testen.

1.   A - A7 - D - A (klingt sehr gut, praktikabel)

2.   A - A7 - D - D#°7 - A (klingt sehr gut)

3.   A - A7 - D - Dm - A (Dm passt nicht)

4.   A - AMaj7 - A7 - D - A (ist möglicherweise eine gute Option)

5.   A - A+ - A6 - A7 - D (eine sehr reizvolle Möglichkeit)

Version 1:

Terz im Bass

Version 2:

Terz im Bass

Version 3:

Version 4:

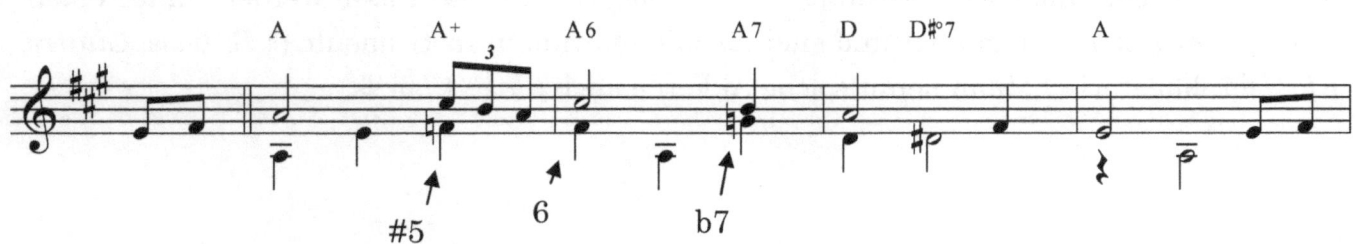

AMAZING GRACE

Intro:

Slash Chords.

Werden solche Intervall-Bässe in eine Akkord-Begleitung eingebaut, so erhalten wir Akkorde mit außergewöhnlichen Bässen *(z. B. Septime, Terz)*. Diese Bässe werden hinter einem *Slash (Schrägstrich)* angezeigt und sind für alle relevanten Instrumente *(z.B. Bass, Gitarre, Klavier)* obligatorisch. Man nennt solche Akkorde auch *Slash Chords*.

„Michael, Row the Boat Ashore" ein Beispiel für den Einsatz von SDK's.

Der Gospelsong „Michael Row the Boat Ashore" wechselt zu Beginn ebenfalls von der Tonika zur Subdominante. Grund genug, um verschiedene SDK's auf Verwendung zu testen.

Ausgangsharmoniefolge = D nach G

1. Möglichkeit D - D7 - G - G#° (Gm scheidet aus, Melodieton „h" ist dissonant mit „b")

2. Möglichkeit D - DMaj7 - D7 - G - G#° (Jazz - gute Lösung)

3. Möglichkeit D - D+ - D6 - D7 - G - G#° (scheidet aus, Melodieton „a" ist dissonant mit „ais"/ D+)

4. Möglichkeit D - F#7 - G - G#° (möglich, wenn die Melodie angepasst wird)

5. Möglichkeit Dmaj7 - Am7 - D9 - Gmaj7 - G#°7 (Jazz - gute Lösung)

Wir erhalten folgende Harmonisierungen:

Harmonisierung 1:

Harmonisierung 2:

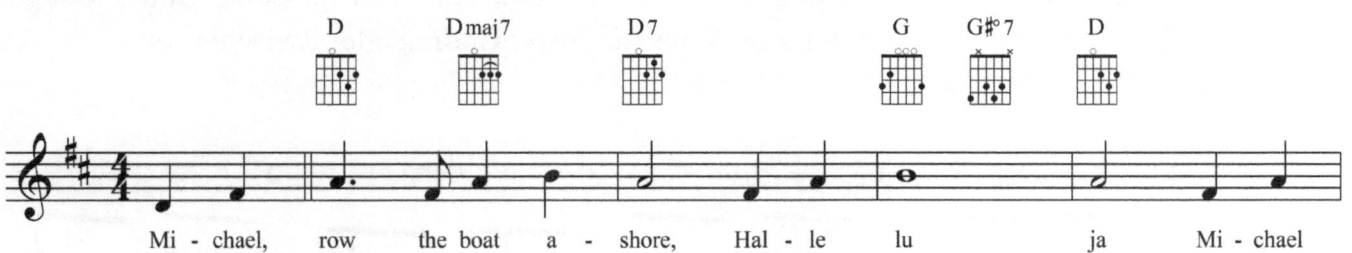

Harmonisierung 3:

Solo 1:

Kl. Septime

GT von G#°7

Solo 2:

Gr. Septime Kl. Septime

GT von G#°7

Solo 3: Bass zum Teil auf der „2"

Akkordbegleitung.

Wir halten fest: Zusatzintervalle *(Extensions)* können in den Bass geschrieben werden. Dies gilt für eine Melodie-Bass-Bearbeitung ebenso wie für eine Akkordbegleitung. Eine Passage mit wechselnden Akkorden ist bestens geeignet für Intro, Ending oder Zwischenteil.

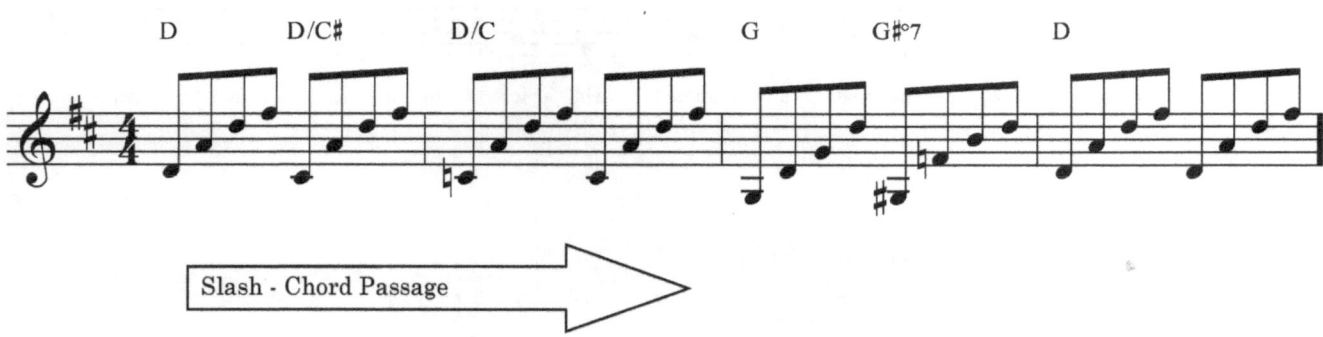

D   D/C#   D/C   G   G#°7   D

Slash - Chord Passage

Über Tonhöhen.

Jeder Gitarrist muss sich klar vor Augen führen, dass die Gitarre eine ganze Oktave tiefer klingt, als notiert. Ich spreche aus eigener Erfahrung, wenn ich sage, dass man als Gitarrist geneigt ist, zu hoch zu schreiben. Akkordbegleitungen auf dem Klavier bewegen sich meist zwischen Bass- und Violinschlüssel. Ein Beispiel: Wenn wir an den allseits bekannten C-Dur-Akkord in der offenen Lage (mit den Tönen c-e-g) denken, so muss uns Gitarristen klar sein, dass diese Töne normalerweise im Bass-Schlüssel-System des Klaviers zu finden wären - und dies, obwohl die gleichen Töne, notiert für Gitarre komplett im Violinschlüssel-System stehen. Solange man für das eigene Instrument schreibt, spielen Überlegungen hierzu keine Rolle. Beim Schreiben für ein Ensemble ist es aber wichtig, sich in die Tonumfänge der mitwirkenden Instrumente einzuarbeiten.

Fazit: Als Gitarrist, der für andere Instrumente schreiben möchte, ist die Relation der Tonhöhen eine Sache, über die tiefergehend nachgedacht werden muss.

Übung: Spielen Sie die C-Dur Tonleiter in der offenen Lage und stellen Sie sich vor, wie diese Töne im Bass-Schlüssel notiert werden müssten.

Die Gitarre zählt zu den Tenor-Instrumenten.

Aufgabe: Beschreiben Sie mit eigenen Worten, wo die Kleine Oktave, die eingestrichene- und zweigestrichene Oktave auf der Gitarre zu lokalisieren ist (vergleiche hierzu die Übersicht auf der folgenden Seite).

Übersicht über alle Oktaven

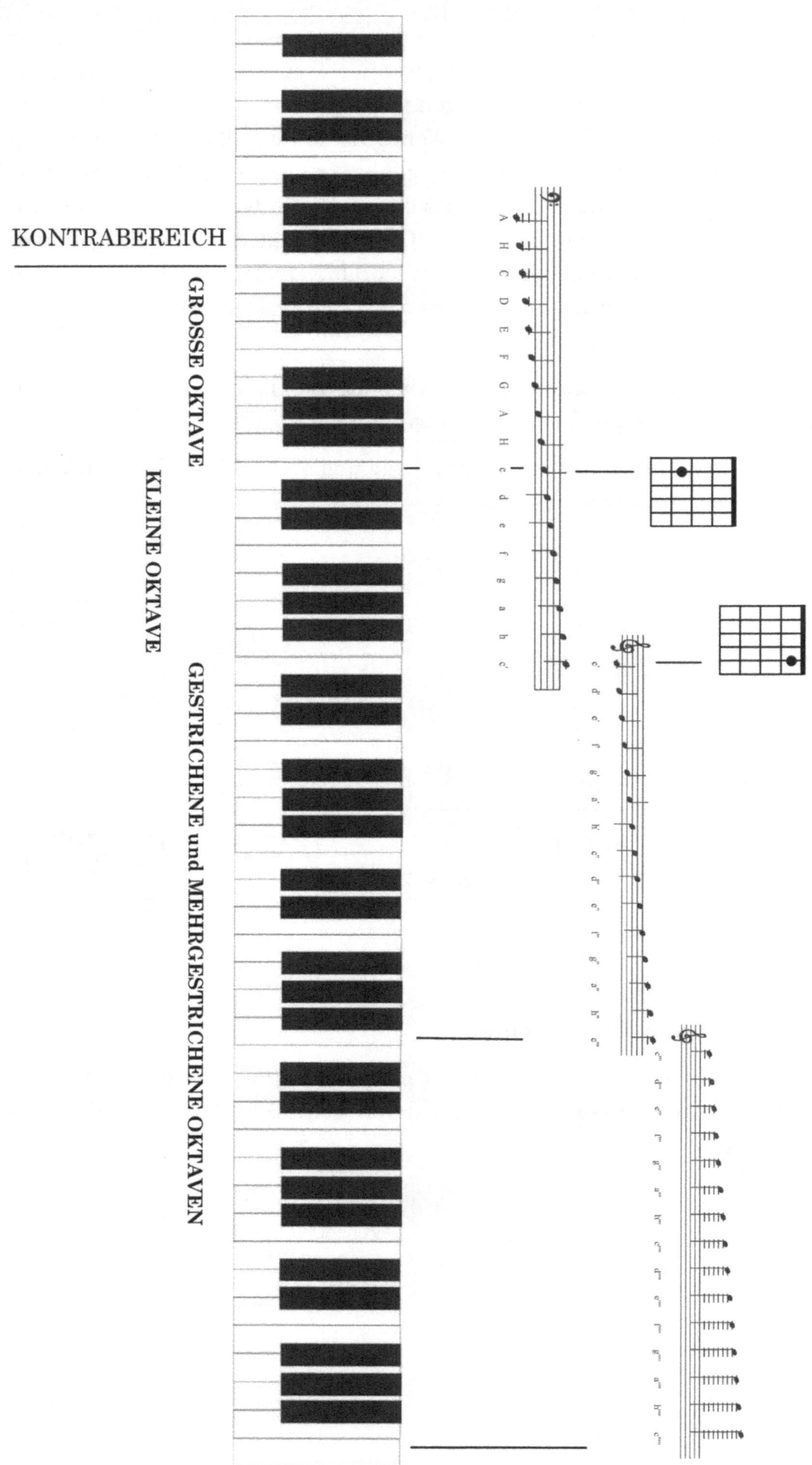

KONTRABEREICH

GROSSE OKTAVE

KLEINE OKTAVE

GESTRICHENE und MEHRGESTRICHENE OKTAVEN

Finale, Sibelius und andere Notenschreibprogramme.

Notenschreibprogramme für den PC erleichtern das Noten-Schreiben in vielfacher Hinsicht. Die Funktion „Kopieren/ Einfügen" ist ebenso hilfreich, wie die Midi-Wiedergabe des Notenbildes (hilfreich bei der Fehlererkennung!). Außerdem können in einem Vollprogramm die Einzelstimmen aus der Partitur heraus per Tastendruck erzeugt werden. Das sind handfeste Gründe, die für eine Verwendung sprechen. Andererseits muss auch die Zeit für die Bedienung eines solchen Programmes berücksichtigt werden. Mit einer kostengünstigen Basisversion liegt man meines Erachtens genau richtig. Der eingeschränkte Umfang ist kein Nachteil, sondern ermöglicht die schnelle Einarbeitung (z.B.: Finale NotePad oder Sibelius First). Die kleinen Versionen sind, was die Möglichkeiten anbetrifft, auf Dauer zwar nicht wirklich ausreichend, jedoch können die so erstellten Dateien späterhin mit einer Vollversion aufgerufen und nachbearbeitet werden.

Bleistift und Papier.

Mit Bleistift und Papier zu arbeiten ist schon deshalb nach wie vor eine gute Option, da die Konzentration nicht durch nerviges PC-Brummen gestört wird. Wer große Übung im Schreiben hat und ggf. nach innerem Gehör schreiben kann, schreibt auch sehr schnell. Ich arbeite meist zunächst auf dem Notenpapier (skizzenhaft) und fertige anschließend eine Reinschrift mit meinem Notenschreibprogramm an. Grundsätzlich gilt: Entscheidend ist nicht eine perfekte Optik, sondern die Qualität der musikalischen Arbeit.

Methodik und Kreativität.

Beim Arrangieren gibt es grundsätzlich zwei verschiedene Vorgehensweisen: Einerseits den methodischen Weg, bei dem spezielle Techniken gezielt eingesetzt werden und andererseits das Aufschreiben von Passagen, die aus dem spontanen Spiel heraus entstehen. Kreativität und Methodik zu vereinen, darin besteht die Kunst.

GEMA und Komposition/ Arrangement.

Wann lohnt sich eine Mitgliedschaft bei der GEMA? Sinnvoll ist eine Mitgliedschaft erst dann, wenn Sie ihre Werke veröffentlichen, sei es in gedruckter Form als Note oder als Einspielung auf CD. Wichtig ist eine Mitgliedschaft auch dann, wenn Sie ihre eigenen Kompositionen selbst regelmäßig öffentlich aufführen oder aufführen lassen (Chor, Musical, Theater).

Aufträge aus der Film - und Werbebranche (Musik zur Synchronisation) werden direkt mit dem Kunden und ohne Zwischenschalten der Gema abgerechnet.

Wenn Sie ausschließlich für sich, für einen kleinen Kreis oder für den Unterricht schreiben, wird Sie die Gema wohl kaum als Mitglied akzeptieren, Musik als beruflicher Schwerpunkt ist Voraussetzung.

Berufsbilder, die mit dem Arrangieren in Verbindung gebracht werden.

Wer die Fähigkeit im Arrangierens ausbaut, steigert damit seine musikalische Kompetenz. Die Möglichkeit, ein Musikstück auszusetzen, vermittelt Professionalität. Musikberufe, die mit dem Arrangieren in direkter Verbindung stehen, sind beispielsweise der Musikbuch-Autor (Lehrwerke, Literatur), der Bandleader, der Musikproduzent während einer CD-Produktion und der Filmkomponist. Auch für den Lehrberuf (Ensembleleitung) sind Arrangierkenntnisse von großem Vorteil.

Gema-freie Musik.

Wenn Sie Musik produzieren, können Sie sich dafür entscheiden, der Gema nicht beizutreten. Dies hat den Vorteil, dass Sie dann ihre Musik (die Betonung liegt auf „ihre") „gemafrei" anbieten können (Hintergrundmusik für Hotels, Arztpraxen ...).

Gemeinfreie Musik (public domain)

Die Veröffentlichung einer Notenausgabe ist nur dann frei von einer Genehmigungspflicht durch den Rechteinhaber, wenn der Komponist länger als 75 Jahre verstorben ist. Entstand eine Komposition in Zusammenarbeit mit einem Texter, so gelten in diesem Fall beide Lebensdaten, auch wenn der Text nicht Teil der Bearbeitung ist (keine Trennung von Text und Musik).

Die Vertonung.

Ein weiteres Feld für den Komponisten/ Arrangeur bilden Vertonungen von Texten, z.B. von Gedichten. Auch hier muss man sich vor Veröffentlichung rechtlich absichern. Der lebende Autor beziehungsweise dessen Nachfahren müssen in die Vertonung einwilligen, sofern der Texter noch keine 75 Jahre verstorben ist.

Alle oben genannten Einschränkungen sollten Sie nicht davon abhalten, mit dem Arrangieren und Komponieren zu beginnen. Solange keine Veröffentlichung im Raum steht, ist alles erlaubt.

Mit „Fragmenten" beginnen.

Die flüchtige Materie Musik lässt sich nicht so ohne weiteres einfangen. Neben einem sicheren Umgang mit Metrum und Notenwerten ist das Entwickeln eines eigenen Wortschatzes in Form von Melodiesequenzen und Harmoniefolgen hilfreich. Durch häufiges Schreiben, aber auch durch eine Verbesserung des Hörens und der rhythmischen Fähigkeiten wird der gesamte Prozess geläufiger. Ein guter Rat: Beginne mit kurzen Arbeiten *(Fragment)*. Ein künftiger Schriftsteller ist auch nicht gut beraten, gleich mit einem dicken Roman, quasi seinem Lebenswerk zu beginnen. Die Kurzgeschichte ist wie das musikalische Fragment der beste Einstieg in ein kontinuierliches Schaffen und Wirken.

Kapitel 3:

Der mehrstimmige Satz.

Zahlreich sind die Möglichkeiten, der Melodie eine zweite Stimme hinzuzufügen. Zweite Stimmen können sowohl oberhalb als auch unterhalb der Melodie verlaufen, und sie können rhythmisch homogen („synchron verlaufend") oder rhythmisch eigenständig sein.

Der Mehrstimmige Satz - die Homophonie.

Bei mehrstimmiger Musik unterscheiden wir zwischen *homophonen* und *polyphonen* Sätzen. Homophone Musik ist entweder einstimmig oder verwendet größtenteils gleiche Intervallabstände, also durchgängig Oktaven, Terzen und Sexten, gelegentlich ergibt sich eine Quarte.

Die Harmonisierung einer Melodie mit Terzen und Sexten.

Bei einer Harmonisierung mit Terzen und Sexten sind einige Dinge zu beachten. Durch Probieren gelangt man schnell zur Einsicht, dass je nach Melodie oder auch Melodiesegment entweder Terzen oder Sexten passend sind. Im Grunde gibt es drei mögliche Varianten:

1. Jeder Melodieton eines Stückes kann durchgängig mit einer Terz unterlegt werden.

2. Jeder Melodieton eines Stückes kann durchgängig mit einer Sexte unterlegt werden.

3. Je nach Melodiesegment sind Terzen oder Sexten passend.

Ursachen für den Wechsel eines Intervalles.

Weist die Melodie den Grundton zum Begleitakkord auf, so wird die Melodie an dieser Stelle mit einem Terz/ Quartakkord harmonisiert. Das oben liegende Quartintervall der ersten Umkehrung ist jedoch das Problem, da Quarten für eine Harmoniestimme nur bedingt geeignet sind. Im Grunde versucht man, sie zu vermeiden. Nimmt man hier die Sexte, ist das Problem gelöst. Schauen wir uns einige homophone Beispiele an.

La Paloma.

Das folgende Songbeispiel „La Paloma" entspricht Fall 1. Jeder Melodieton kann mit einer Terz unterlegt werden (1. Bearbeitung folgende Seite). Wir können nun Folgendes festhalten: Finden wir im Anfangston die Quinte vor (hier „d" zu Akkord G), so spricht dies für eine Terzharmonisierung.

Aloha'Oe.

Der Refrain des bekannten Liedes „Aloha'Oe" kann sehr gut mit Akkorden ausgesetzt werden. Blockakkord-Passagen sind sowohl im Gitarrenarrangement als auch bei der Verteilung von Chor– oder Bläserstimmen eine passende Option.

Melodie „La Paloma":

Yradier

1. Bearbeitung:

2. Bearbeitung (Terzen und Sexten):

In Oktaven (à la Wes Montgomery):

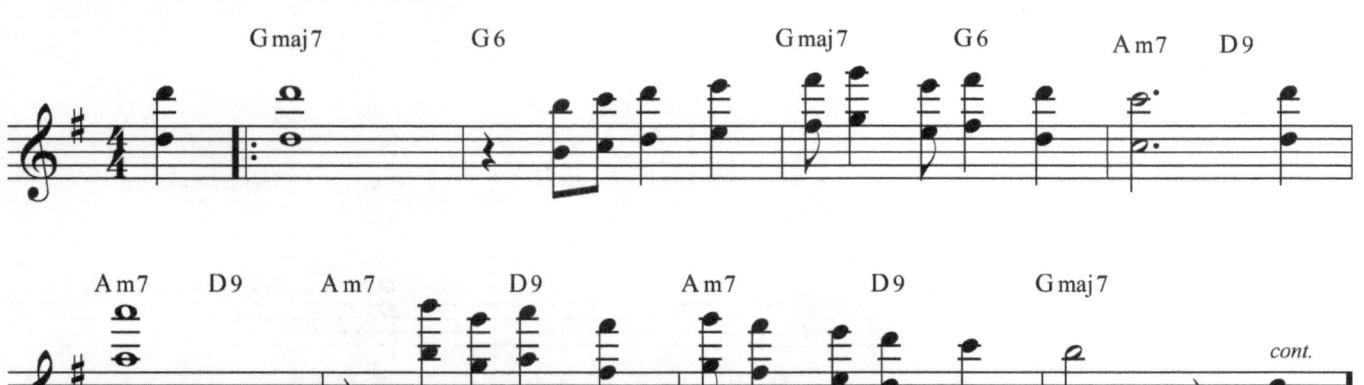

45

Hinzufügen einer dritten Stimme (Homophonie).

Aloha'Oe—Harmonisierung mit Blockakkorden.

Melodien können sehr verschieden sein. Entweder sie bestehen aus wenigen langen Tönen („langtönig") oder sie weisen eine hohe Tondichte auf. Eine bewegte Melodie mit hoher Tondichte bleibt entweder unisono oder erhält eine einzige Harmoniestimme. Der Refrain von „Aloha'Oe" ist „langtönig" und daher für die Harmonisierung mit mehrerer Stimmen ideal (3– 4 Stimmen).

Lili'uokalani

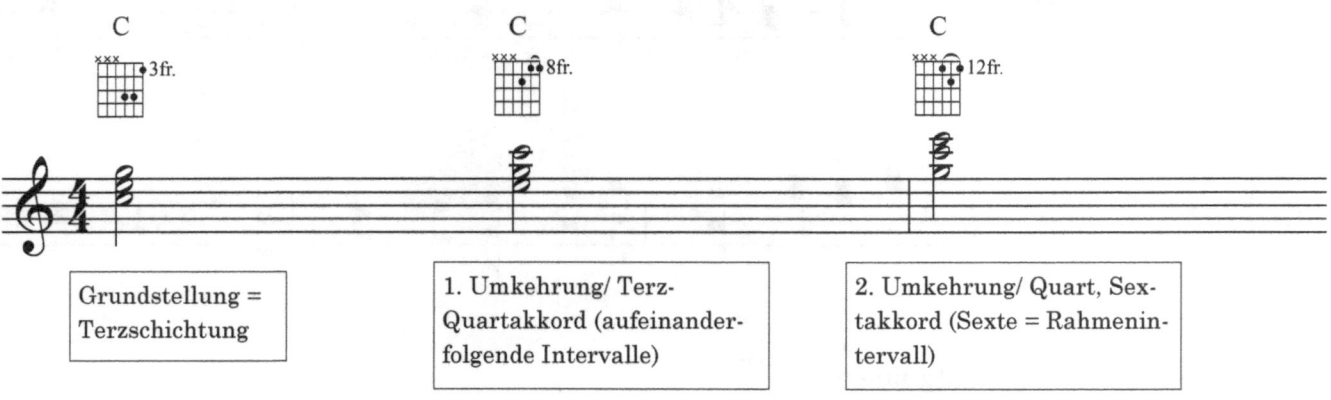

Was sind Blockakkorde?

Unter Blockakkorden versteht man Dreiklänge in Grundstellung und deren Umkehrungen. In der ersten Umkehrung wird der Grundton „an die Spitze" gesetzt, man nennt ihn auch „Terz/ Quartakkord", da im Intervallaufbau auf die Terz eine Quarte folgt. Die zweite Umkehrung hat die Terz in der Oberstimme, man nennt ihn auch „Quart/ Sextakkord" (Sexte = Rahmenintervall).

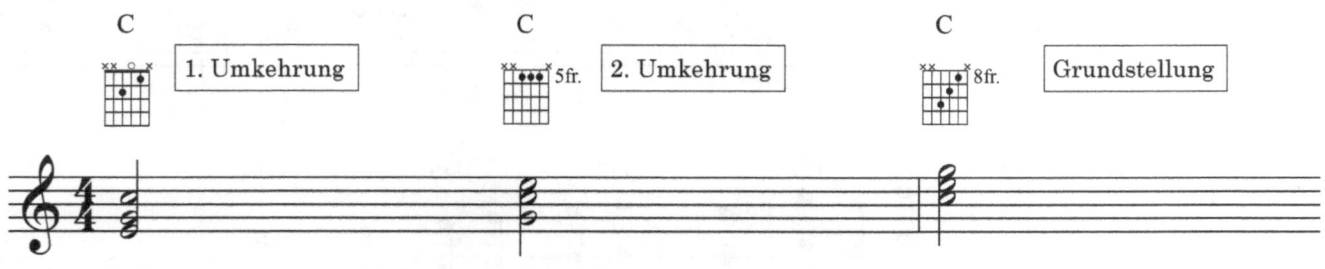

Grundstellung = Terzschichtung

1. Umkehrung/ Terz-Quartakkord (aufeinander-folgende Intervalle)

2. Umkehrung/ Quart, Sex-takkord (Sexte = Rahmenin-tervall)

Blockakkorde auf den Saiten 2 - 4

1. Umkehrung

2. Umkehrung

Grundstellung

Literaturhinweis: 0+4+7=Dur/ Saitenwege (Schell Music EDM 4000)

Refrain: „Aloha'Oe" in Blockakkorden

Die Kombination Terz/ Sexte und Oktave.

Sehr schön klingt eine Harmonisierung mit Terzen und Sexten in der Kombination mit einer Oktave. Man vermeide Quarten! Im folgenden Beispiel wurde schrittweise vorgegangen:

1. Hinzufügen einer Terz oder Sexte

2. Hinzufügen der Oktave

Ergebnis:

Die Polyphonie.

Die Polyphonie unterscheidet sich von der Homophonie durch eine Gestaltung, die an strenge Regeln gebunden ist.

1. Das Quarteninterval gilt dann als *dissonant*, wenn es auf einen *betonten Taktteil* fällt.

2. Leittöne müssen berücksichtigt werden („h nach c", nicht „d nach c").

3. Prim-, Quarten– oder Quintenparallelen sind zu vermeiden.

4. Das Aufeinanderfolgen von zwei Intervallen aus Pos 3 gilt ebenfalls als Parallele, die zu vermeiden ist (ein einziges solches Intervall pro Abschnitt ist ok)

5. Die Terzdoppelung ist zu vermeiden (Bass und Melodie)

Aus „*Wildwood Flower*"

Quarte klingt „mau".

Sexte klingt gut.

Ein Wechsel von Sexten und Terzen bewirkt eine Gegenbewegung zur Melodie.

„f" ist Leitton zu „e"

2. Stimme: Rhythmische Eigenständigkeit.

„f" ist Leitton zu „e"

Aus „*Scarborough Fair*"

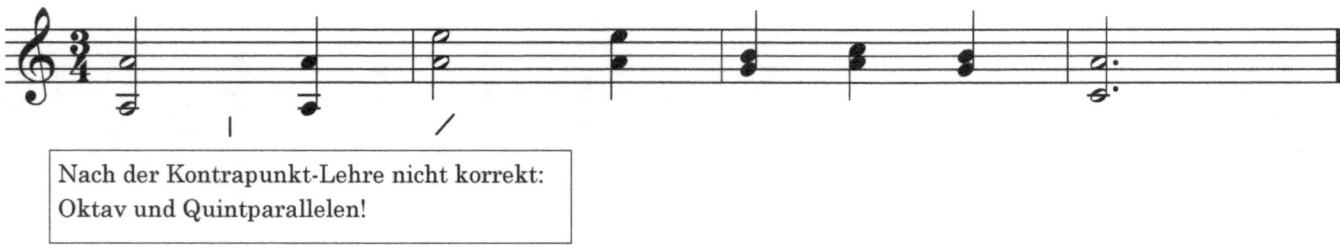

Nach der Kontrapunkt-Lehre nicht korrekt: Oktav und Quintparallelen!

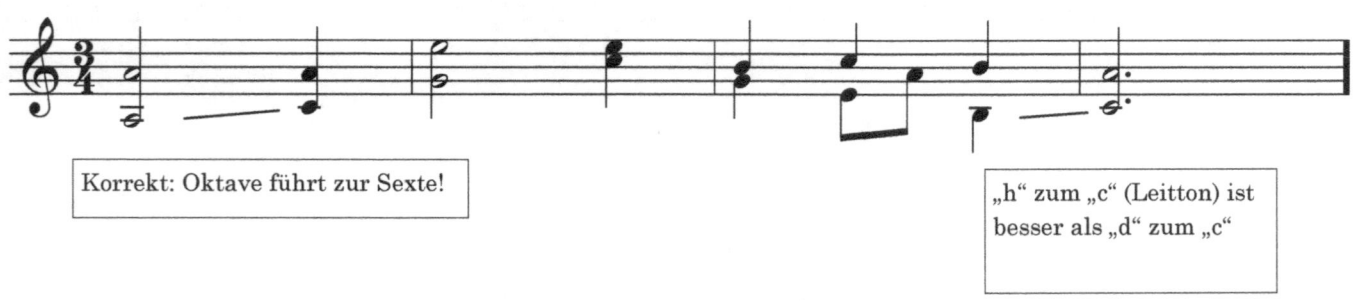

Korrekt: Oktave führt zur Sexte!

„h" zum „c" (Leitton) ist besser als „d" zum „c"

„Finale" Bearbeitung *„Scarborough Fair":*

„Irish Washerwoman"/ hohe 2. Stimme.

Eine synchron-verlaufende hohe 2. Stimme findet man häufig als Steigerungselement in der *Irish Music* und im *Bluegrass*. Schauen wir uns hierzu einige Bearbeitungen an.

Irish Washerwoman (Melodie, ohne Auftakt):

Trad.

Bearbeitung mit Sexten und Terzen:

Hier wurde das „fis" vermieden (kein Trito-nus - Intervall)

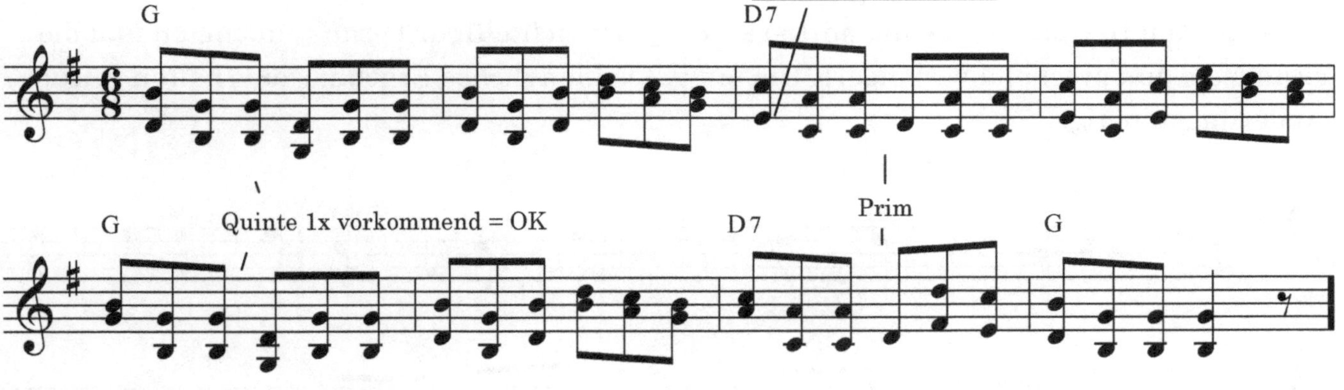

G   D 7

G   Quinte 1x vorkommend = OK   D 7   Prim   G

Bei einer Harmoniestimme ist eine logische Melodieführung zu achten.

Zu vermeiden sind:

1.   Quarten (auch: Tritonus Intervall) auf einem betonten Taktteil (1 oder 3).

2.   parallele Quint- und Primbewegungen

Irish Washerwoman - Duett.

Im nun folgenden Bearbeitungsschritt wird die Sextenversion auf zwei separate Stimmen verteilt, die zweite Stimme wird um eine Oktave nach oben transponiert. Eine fertige Bearbeitung wird man nach den polyphonen Regeln prüfen und ggf. abändern.

Die zweite Stimme rhythmisch verändern.

Im folgenden Beispiel wurde die mittlere Note jeder Achtelfigur herausgenommen und die erste Note entsprechend verlängert. Um ein gutes klangliches Ergebnis zu erhalten waren Änderungen nötig.

Zusammenfassung.

Man unterscheidet zwischen *Melodiestimme* und *Harmoniestimme*. Man unterscheidet außerdem den *homophonen* vom *polyphonen* Satz. Der homophone Satz ist recht einfach zu bewerkstelligen, da den Melodietönen ein größtenteils einheitliches Intervall „angehängt" wird. Die homophone Satzweise ist in allen populären Stilarten zu finden, polyphone Musik in Chor– und Kammermusik sowie in klassischen Gitarrenbearbeitungen.

Der polyphone Satz umfasst eine Reihe von Regeln, die zu beachten sind. Man kann mit einem homophonen Satz, der aus Terzen und Sexten besteht, beginnen und seine Arbeit in Richtung Polyphonie ausbauen.

Wildwood Flower (zu bearbeitende Ausgangsmelodie)

J.P.Webster

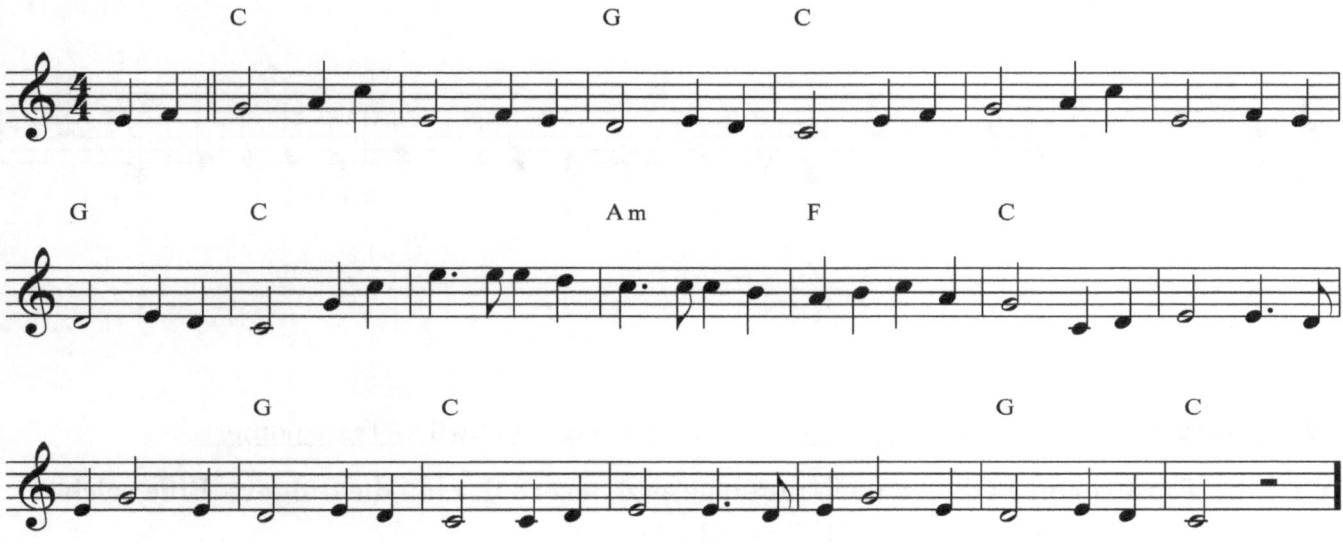

<u>Wildwood Flower 1:</u> Topsexte

Wildwood Flower 2: Topsexte erhält rhythmische Variation.

Rhythmische Eigenständigkeit führt zu mehr Abwechslung und Vitalität. Diese Art Arrangement eignet sich für Ensembles jeglicher Art (2 Gitarren, 2 Flöten, gemischte Instrumen-

Wildwood Flower 3: Die Topsexte wird um eine Oktave abwärts transponiert.

Wird die Topsexte eine Oktave nach unten gesetzt, so erhält man die Subterz. Eine solche Bearbeitung klingt beruhigend (z.B.: Abendlieder).

Der Bordunton im Arrangement.

Eine einfache Orchestrierung kann man mit einem *Bordunton* bewerkstelligen. Es gibt einige Instrumente, die den Bordunton als harmonischen Begleitton verwenden. Bekannt sind der *Dudelsack* und das Saiteninstrument *Dulcimer*. Beim Dudelsack finden wir sogenannte Bordunpfeifen, die einen stetigen, gleichbleibenden Ton erzeugen. Der Dulcimer dagegen besteht aus 3 Doppelsaiten, wobei die mittlere (Doppel-) Saite den Bordunton erzeugt. Auf dem hohen Saitenpaar wird die Melodie gespielt (entsprechend einer spielbaren Flöte beim Dudelsack), auf dem tiefsten Saitendoppel findet sich der Grundton (Bass). Ein Dulcimer weist folgende Stimmung auf: D - a - d.

Wir können festhalten, dass wir in der Quinte (sie ist sowohl tonikaaffin, als auch dominantaffin) einen für die orchestrale Begleitung wichtigen Ton vorfinden. Diese orchestrale Begleitung kann ein durch menschliche Stimmen erzeugtes „Aah" oder „Uuh" sein, oder es sind die „Strings" (Streicher), welche den Part übernehmen. Was die Gitarre anbetrifft, so findet man Borduntöne in den nächst tieferen Saiten.

Down by the Sally Gardens

Kapitel 4:

Thema und Variation.

Ein kleines Thema auf vielfache Weise variiert, führt zum vortragsreifen Werk.

Variationen am Beispiel von „Greensleeves".

Es sollen nun Möglichkeiten der Bearbeitung gezeigt werden, die zu Variationen führen. Die bislang beschriebenen Schritte „Transponieren der Melodie", „Ändern der Begleitung (Reharmonisation)", „homophone und polyphone Zweistimmigkeit", sowie die „Subdivsion", sind noch keine wirklichen Variationen, sondern lediglich verschiedene Möglichkeiten, Melodie und Begleitstimmen zu verbinden. Die Variation in der Klassik entspricht ein wenig der Improvisation im Jazz! Was genau charakterisiert die Variation? Die Variation gestattet sich die Freiheit, Änderungen an der Melodie und an anderen Parametern wie beispielsweise dem Metrum vorzunehmen. Auch kann ein Stück von einer *Dur-Tonalität* in eine *Molltonalität* geführt werden (und umgekehrt). So entstehen so auch „Sätze", die sich auf das ursprüngliche Thema beziehen, aber in der Durchführung einen hohen Grad an Abwechslung zeigen. Schauen wir uns hierzu einige Beispiele an!

Variation der Melodie.

1. Schritt: Um die Melodie zu variieren, greife ich zunächst auf harmonische Intervalle zurück, d.h. die Melodie wird mit Terzen, Sexten oder anderen Intervallen versehen.

2. Schritt: Die harmonischen Zusatztöne werden aus der Vertikalen in die Horizontale gebracht (M = Melodieton, H = Harmonieton). Eine solche Version ist ideal für Melodieinstrumente wie Flöte oder Geige.

3. Schritt: Der letzte Schliff - durch Einfügen von Verzierungen wird die Melodie lebhaft.

Variationen unter Einbeziehung von Tonleitern.

Aus der Jazz-Improvisationslehre wissen wir, dass zu jedem Akkord eine Tonleiter gespielt werden kann. Dies gilt auch für klassische Bearbeitungen. Wie mit Tonleitern Variationen entstehen, soll in zwei aufeinanderfolgenden Schritten gezeigt werden.

1. Schritt: Simplifizierung der Melodie. Die Melodie wird auf die „tragenden" Töne reduziert.

2. Schritt: Der Begleitakkord zur Melodie wird in eine Tonleiter oder ein Arpeggio „verwandelt" und mit der reduzierten Melodie verbunden.

3. Schritt „vice versa": die reduzierte Melodie wird oktaviert und mit abwärtsverlaufenden Tonleitern kombiniert.

Variationen auf Basis der Akkorde.

Im klassischen Präludium werden Akkorde als Intro gespielt. Ob als Intro oder als Variation, die Kombination aus reduzierter Melodie und Akkorden bringt eine reizvolle Bearbeitung zutage. Ein gewisses Maß an Entfremdung wird noch dadurch erreicht, dass anstelle des Grundton der „Pedalton - D" erscheint (Takt 2 + 3, Beispiele 1 + 2)

Beispiel 1:

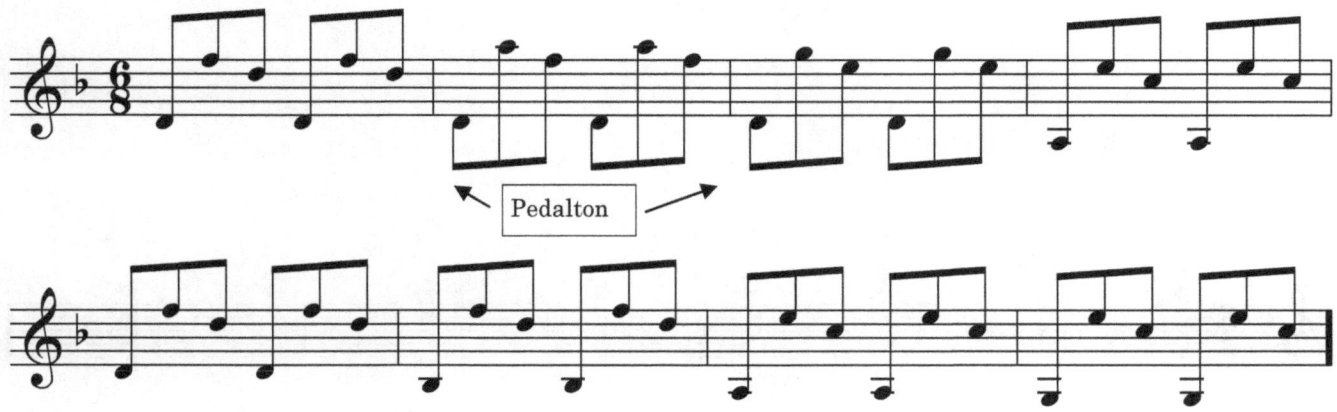

Beispiel 2:

Da nicht alle Möglichkeiten aufgeführt werden können, ist es ratsam, die Bearbeitungen alter Meister zu studieren (z.B. *Carulli, Carcassi, Sor, Giuliani).*

Große Wirkung: Klingende Akkorde.

Um ein Stück einzuführen, bietet sich eine Abfolge langklingender Akkorde an.

„beruhigende" tiefe Akkorde:

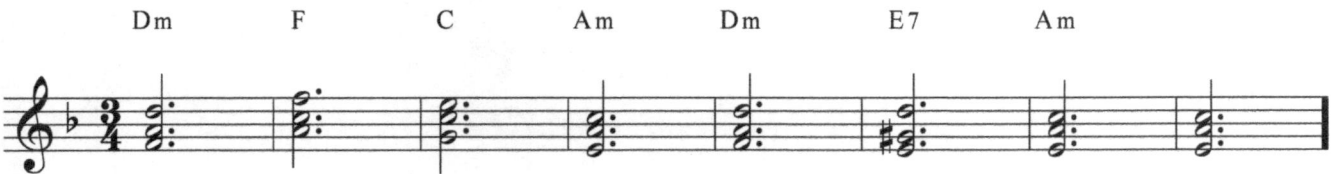

Akkorde im höheren Register:

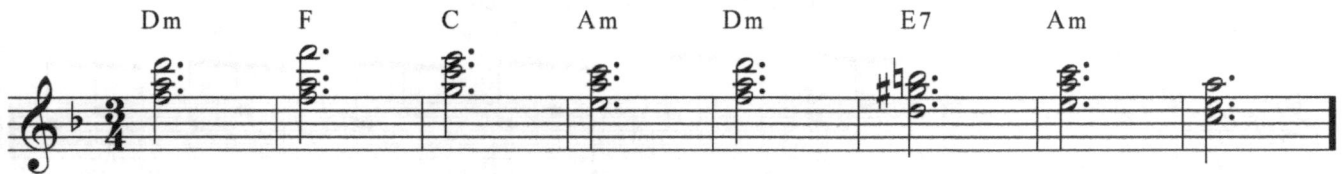

Einen Plan machen und diesen ausarbeiten!

Vor jeder Niederschrift steht das Sammeln von Ideen. Im spontanen Spiel, durch Nach-
denken und Probieren, durch das Studieren von Partituren bekannter Meister erhält man
zu einem Musikstück meist soviel Material, dass gar nicht alles verwertet werden kann.
So wird man zunächst einmal diejenigen Teile auswählen, die sich gut „zusammenbauen"
lassen. Ist die Abfolge geklärt, erfolgt die Niederschrift.

Variationen über ein katalanisches Thema.

Das nun folgende „Tema Catalan" besteht aus 3 x 8 Takten. Nachdem wir uns mit der Melodie vertraut gemacht haben, sollen verschiedene Harmonisierungen gefunden werden.

Eine erste Harmonisierung ist schnell gefunden. Damit können nach „altbewährten Methoden" erste Arrangements abgeleitet werden.

Katalanisches Thema 1. Arrangement:

Variationes sobre un tema Catalan

Bearbeitung: Felix Schell

Kapitel 5:

Akkordtypen.

*Je nach Stilrichtungen werden verschiedene Akkordtypen benötigt. Neben den „normalen"
Dreiklängen, welche im Folk und teilweise in der Popmusik ihre Anwendung finden, gibt es
spezielle Akkorde für die Alte Musik, für den Jazz und die Rock/Popmusik.*

Weite Akkordlage *(Open Voicing, Spread Voicing)*.

Der Einsatz von *Open Voicings (weite Akkordlage, „luftig")* ist dann empfehlenswert, wenn es um die Bearbeitung von Alter Musik geht *(Musik des Mittelalters, Renaissance, Barock)*. Melodien wie „Greensleeves", „Danny Boy", „Scarborough Fair" oder Bourée (Bach) erhalten durch Open Voicings den passenden Klang. Demgegenüber steht das *closed voicing (enge Lage, „Block")*. Vorab soll kurz erklärt werden, was unter beiden zu verstehen ist.

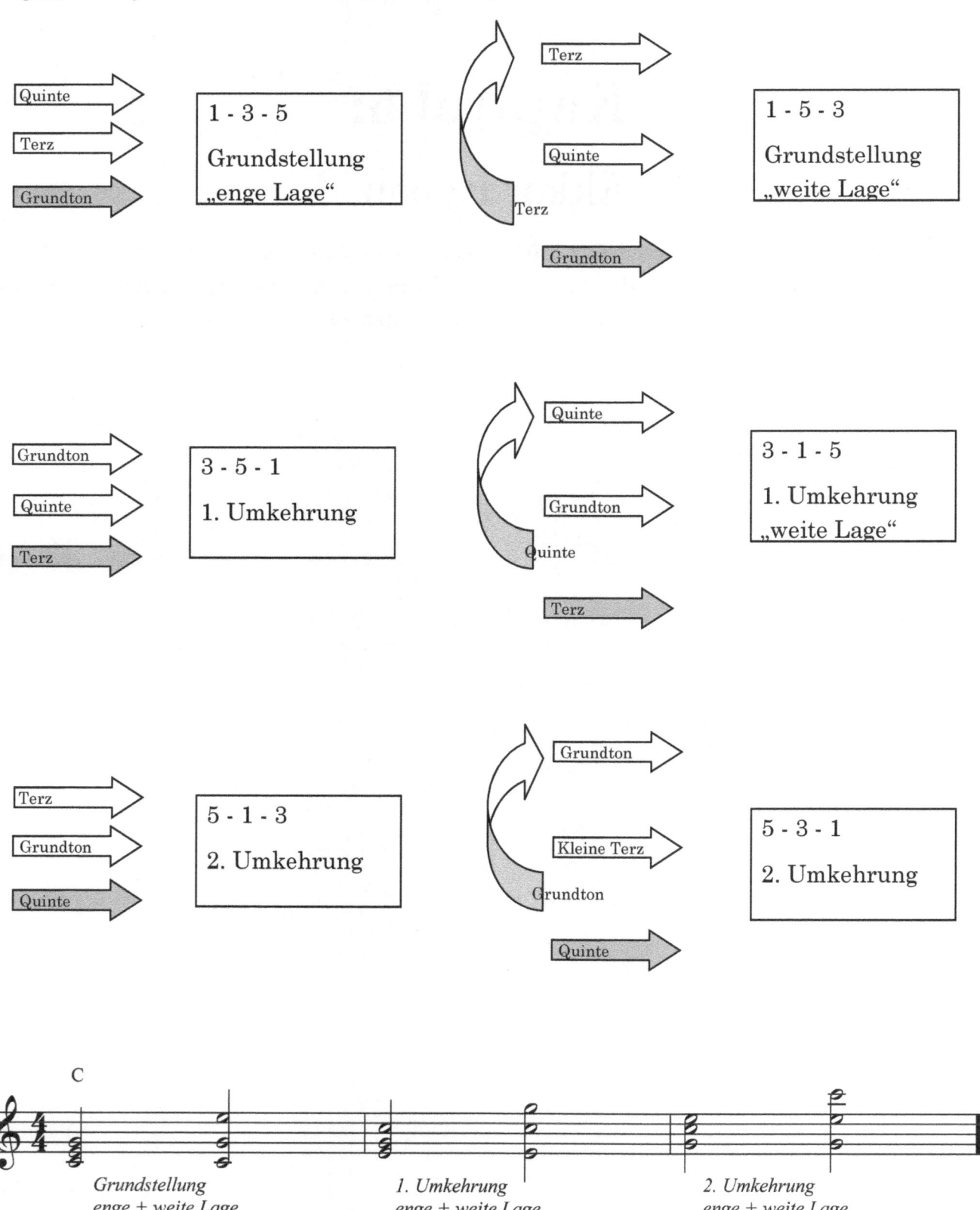

Grundstellung
enge + weite Lage

1. Umkehrung
enge + weite Lage

2. Umkehrung
enge + weite Lage

Aus dem Buch „Changes für Rock, Pop, Blues & Jazz" (Schell Music)

64

Akkorde in weiter Lage.

Wie lassen sich die Open Voicings am besten charakterisieren? Im Unterschied zu den engen Dreiklängen benötigen Open Voicings Raum zur Entfaltung. Man gewähre ihnen deshalb Zeit und verzichte auf schnelle Wechsel. Alte Musik und irische Balladen erhalten durch die Hinzunahme dieser Akkordgruppe den authentischen Klang. Erwähnt sei noch, dass gelegentlich auch einmal ein „enger" Dreiklang vorkommen darf - erlaubt ist, was gut klingt.

Zur Einstimmung in das Feld der *Open Voicings* sind auf den folgenden Seiten die Stufenakkorde zu mehreren Tonarten, jeweils in drei Lagen, vorgestellt. Einfach einmal „querspielen" und sich vom Lauten-ähnlichen Klang inspirieren lassen!

1. Stufenakkorde zu C-Dur:

2. Stufenakkorde zu F-Dur:

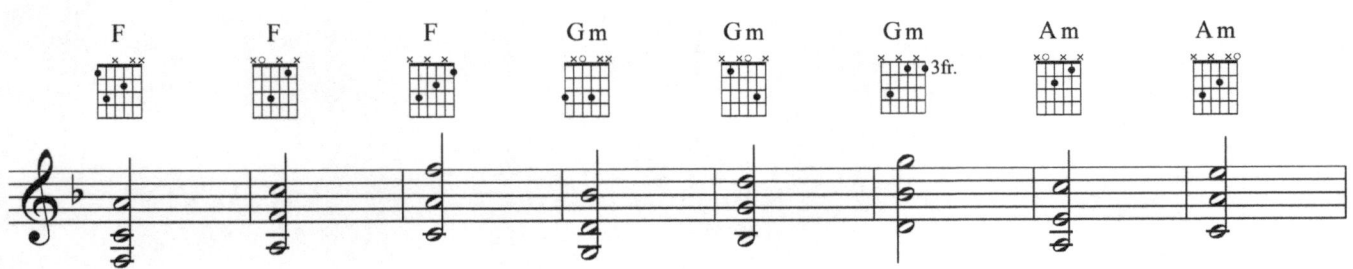

zu F -Dur (cont.)

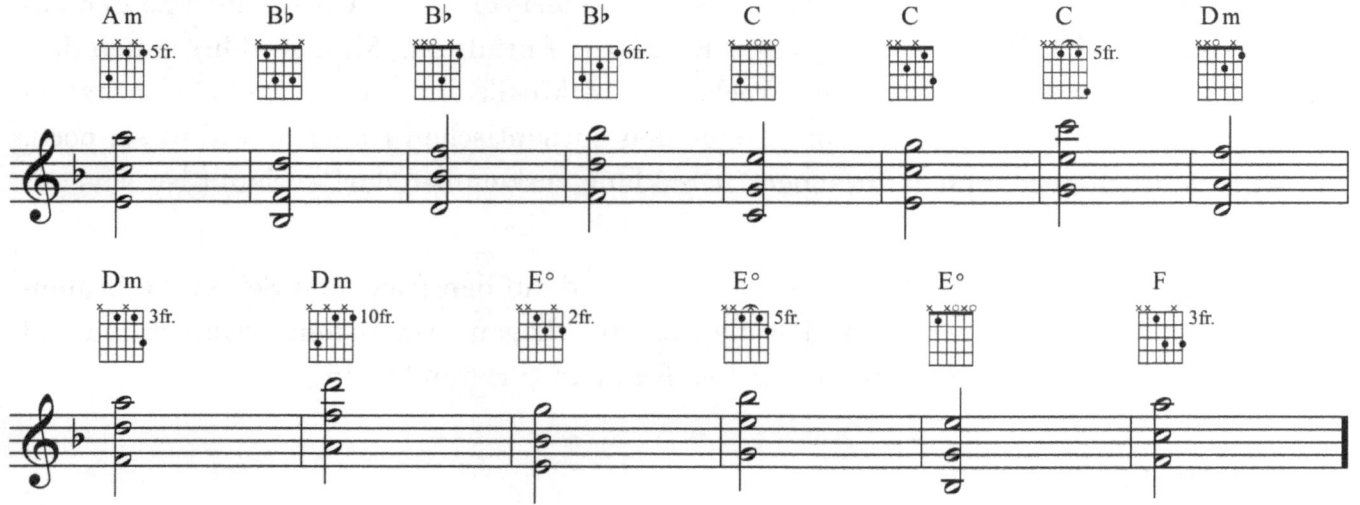

3. Stufenakkorde zu G-Dur:

Greensleeves mit Open-Voicing-Chords

Arrangieraufgaben.

Bearbeiten Sie nun die folgenden Melodien unter Verwendung von Open Voicing-Chords.

Se Io M'Accorgo (Anonymus)

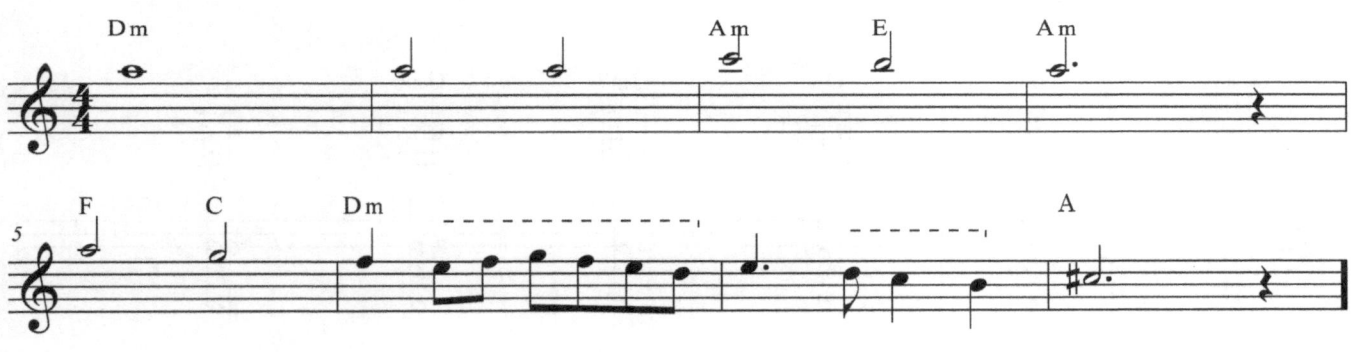

gestrichelte Linie = single note Bereich

Bourrée

J. S. Bach

67

JAZZ-AKKORDE

Akkordtyp 1: Im „Anfangsintervall" steht eine Sexte oder eine Septime.

Akkorde unterscheiden sich nicht nur in Moll und Dur, Septim– oder Sextakkord, sondern auch durch ihre Konstruktion. Hier ist das erste Intervall entscheidend („Anfangsintervall"). Es geht um die Frage: „Welches Intervall findet man ausgehend vom Grundton zum nächsten Ton?" Die auf dieser Seite präsentierten Akkorde haben eines gemeinsam: Der Abstand vom Grundton zum nächsten Ton beträgt <u>mindestens eine Sexte</u>, meist eine Septime. Diese Akkorde klingen für ein jazziges Soloarrangement ausgezeichnet und zwar sowohl auf der Gitarre, als auch auf dem Klavier.

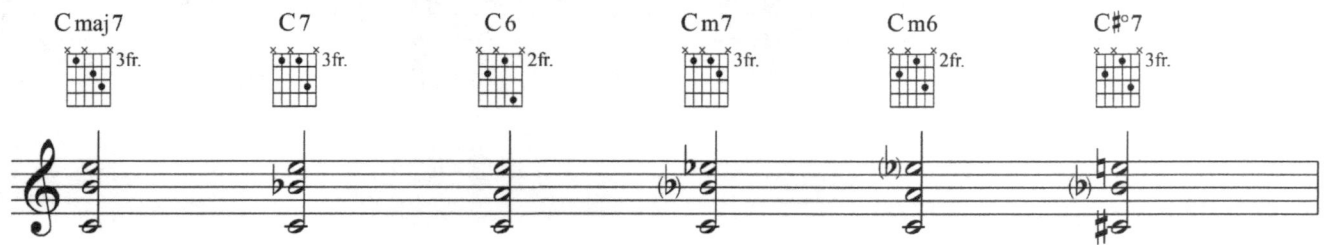

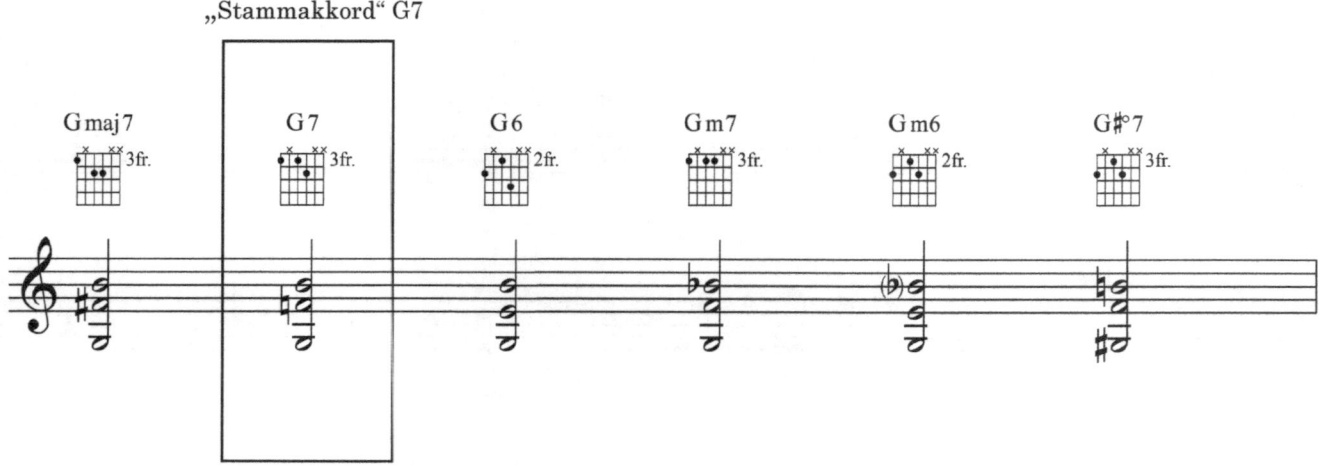

Stammakkord G7 und dessen Erweiterungsmöglichkeiten.

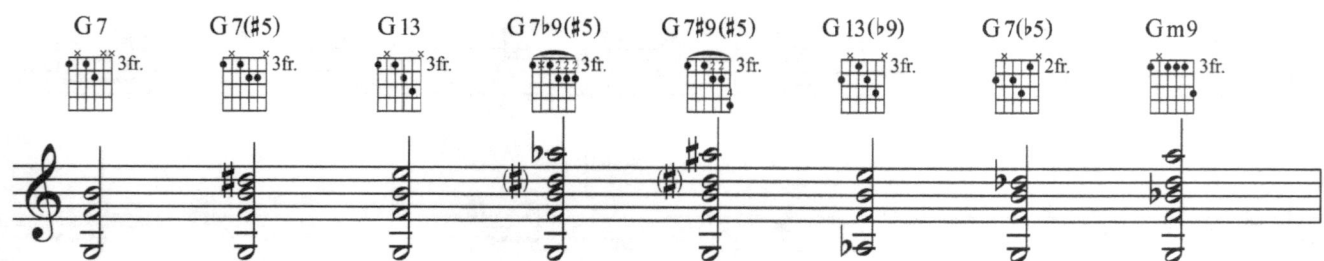

68

Akkordtyp 2: Im Anfangsintervall findet sich eine Terz.

Akkordtyp 2 hält einen Abstand vom Grundton zum folgenden Intervall von einer Terz (groß oder klein). Häufig wechseln die beiden Akkordtypen (1+2) miteinander ab.

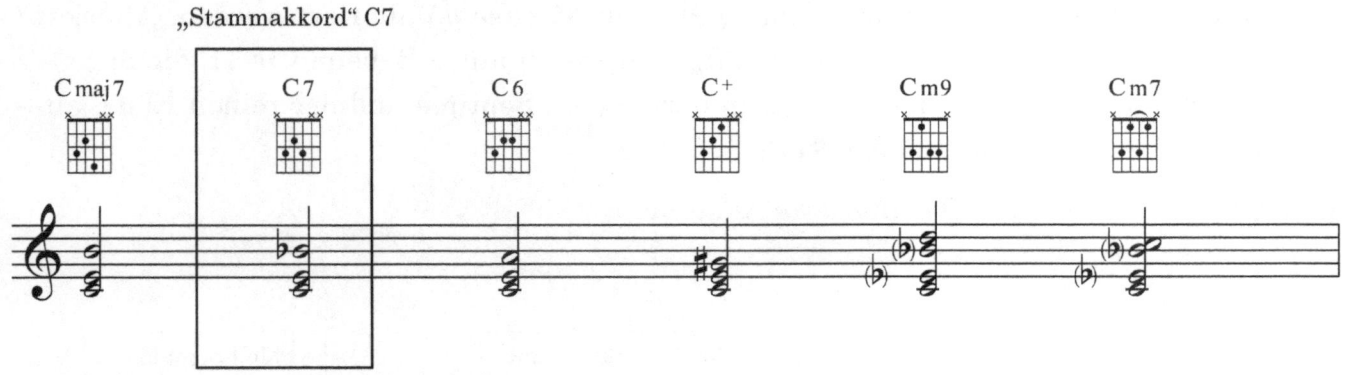

Stammakkord C7 und seine Derivate.

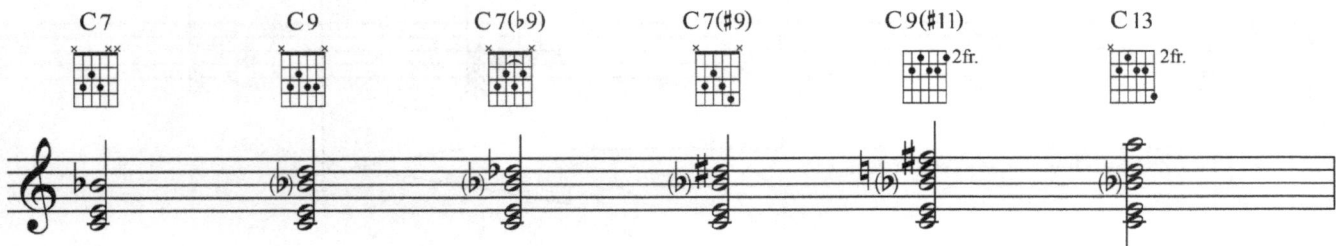

Akkorde in der Rock-/ Popmusik.

Die Rockmusik bevorzugt einerseits bestimmte Akkordlagen (Dreiklang, 2. Umkehrung), andererseits gibt es einige spezielle Akkordkonstruktionen.

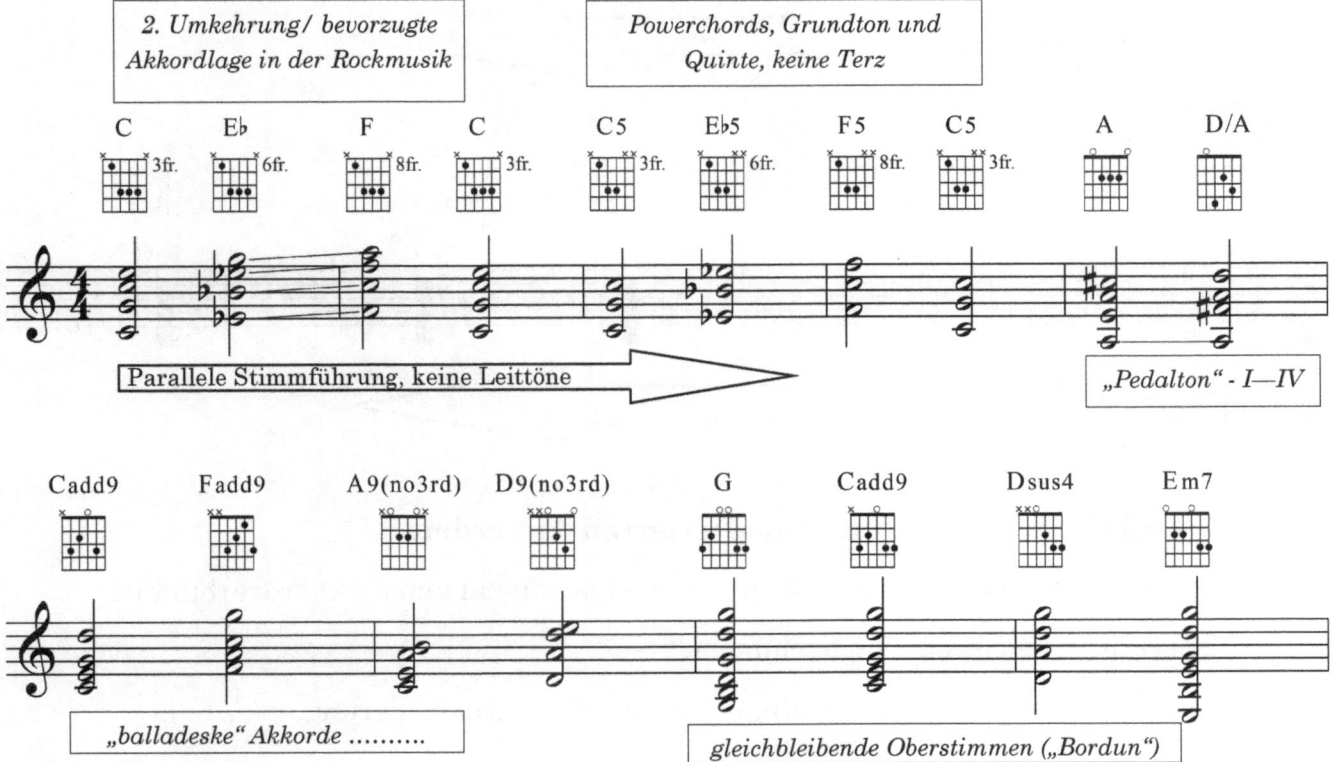

Über alterierte Akkorde.

Im nun folgenden Kapitel geht es um Alterierungen. Alterierte Akkorde bestehen in der Basis aus einem Septakkord (z.B. C7, Cmaj7, Cm7). Die Septakkorde erhalten, je nach Komplexität, schrittweise folgende alterierte Zusatzintervalle: *b9 oder #9, #11 und b13*. In der Akkordbasis (Dreiklang) kann die reine Quinte zu *b5 oder #5* alteriert werden. Alterierte und nicht-alterierte Extensions treten häufig gemeinsam auf, z.B. beim C9#11, die nicht alterierten Extensions findet man hierbei in der kleinen Septime und der reinen None, alteriert ist die Tredezime (übermäßig, #11).

Überblick über gebräuchliche alterierte Akkorde:

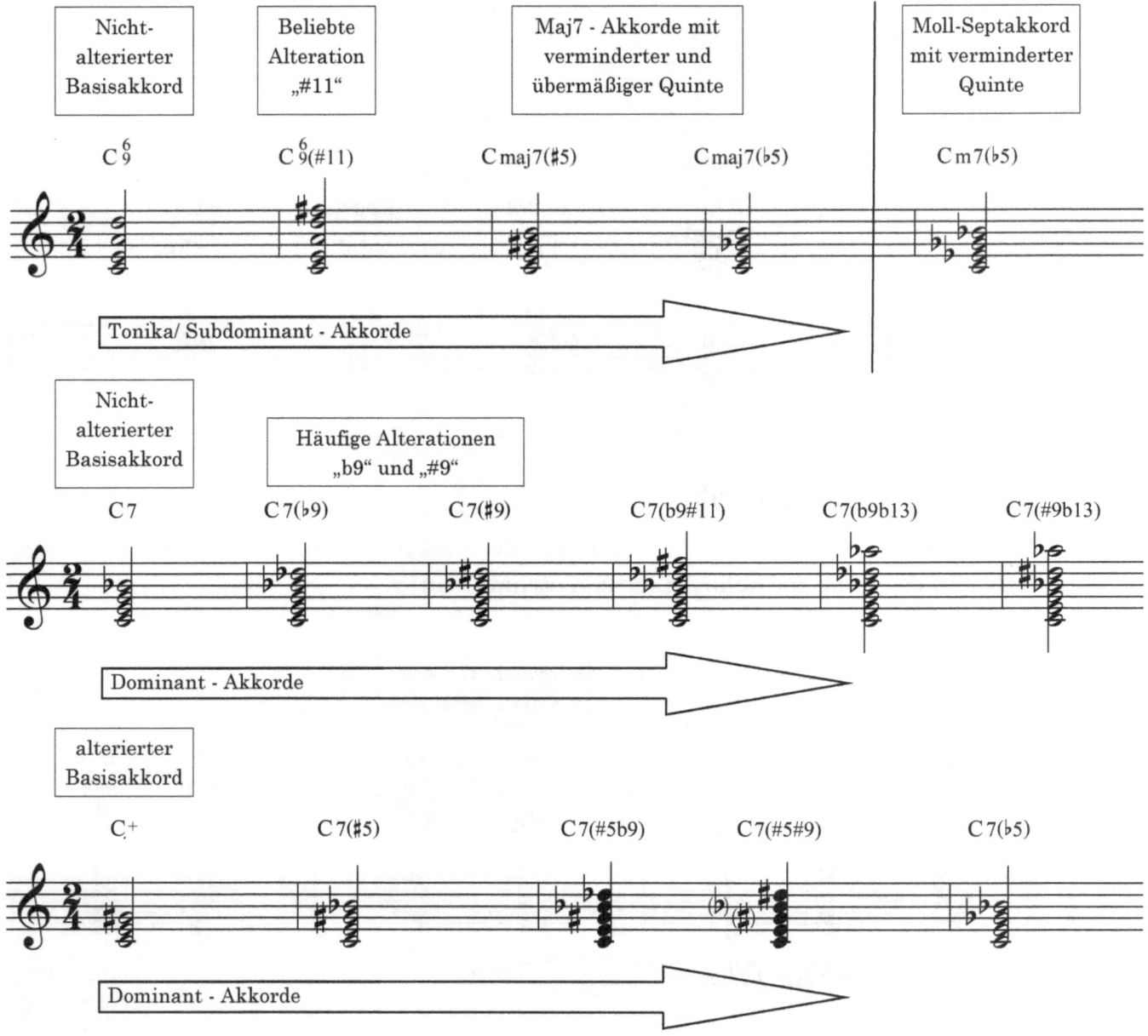

Über die praktische Bedeutung von alterierten Akkorden.

1.   Durch alterierte Akkorde verändern sich die Leittöne in einer Akkordverbindung.

2.   Alterierungen bewirken „Angleichungen".

3.   Alterierte Akkorde bieten neue Möglichkeiten der Harmonisierung.

Über Leittöne.

Unter Dreiklängen ist die Dominante vierstimmig *(Dominant-Sept-Akkord)*. Damit einher geht eine zwingende Auflösung zur Tonika hin.

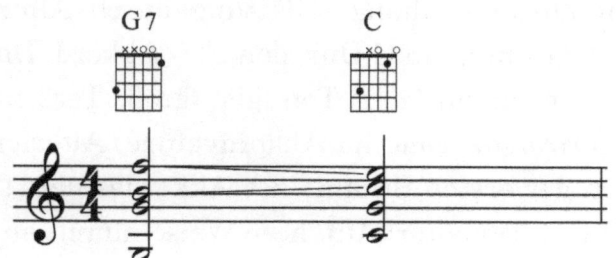

Die Klassische Kadenz.

Leitton „f" löst sich nach „e" hin auf, Leitton „h" nach „c" *(Leittöne, Halbtonschritte)*.

1. Alterierte Akkorde und Leittöne.

Um die klassische Auflösung „f zu e" sowie „h zu c" zu ersetzen, lässt man alternativ Auflösungen zu anderen Intervallen zu, wie beispielsweise zur großen Septime (Cmaj7), zur Quinte oder zur None. Hierzu bieten sich alterierte Akkorde an.

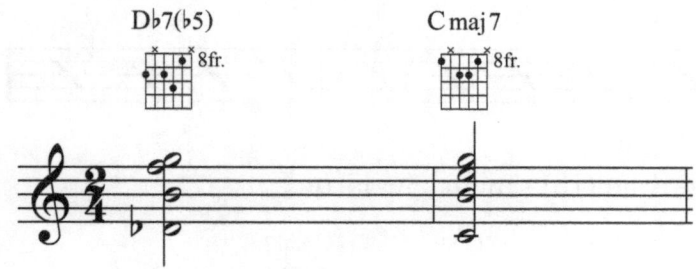

Beispiel 1: Stellvertreter der Dominante löst sich zur Tonika hin auf. Leittöne sind das „f zum e" sowie das „des zum c".

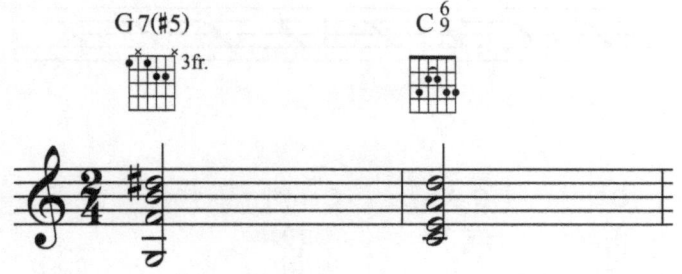

Beispiel 2: Alterierte Dominante löst sich zur Tonika hin auf. Leittöne sind das „f zum e" das „h zum c" sowie das „dis zum d".

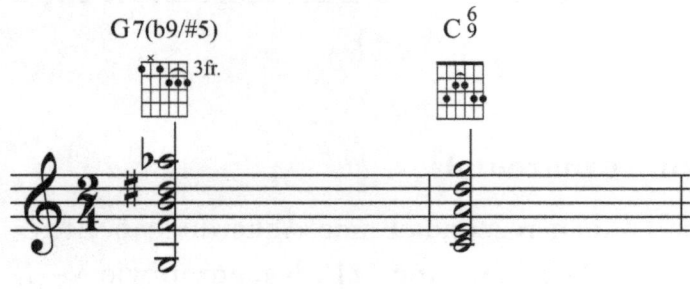

Beispiel 3: Doppelt alterierte Dominante löst sich zur Tonika hin auf. Leittöne sind das „f zum e", das „dis zum d" und das „as zum g".

Die hier gezeigten Beispiele sind exemplarisch, nicht vollständig.

2. Glättung durch Alteration.

Schauen wir uns nun ein Beispiel zur „Glättung durch Alteration" an. Im Jazz beliebt sind Turnarounds oder Mittelteile, die aus fallenden Dominanten bestehen. Mit der zunehmend steigenden Ordnung der Dominanten, erhöht sich die Anzahl der tonleiterfremden Töne zur Ausgangstonart. Was bedeutet in diesem Zusammenhang „Glättung durch Alteration"? Nehmen wir hierzu einmal die Dominante 4. Ordnung in C-Dur, den E9 - Akkord. Das reine Noneninntervall finden wir im Ton „fis". Gemeinsam mit dem Ton „gis" (große Terz zu E) haben wir an dieser Stelle somit zwei tonleiterfremde Töne im Akkordgefüge. Alterieren wir nun die None zur „b9" hin, so finden wir in der ersten Stimme des Akkordes den Ton „f" . Der Ton „f" wiederum ist Bestandteil der C-Dur Tonleiter! Auf diese Weise nimmt eine Alterierung die Dissonanz aus der Akkordverbindung. Dies ist ein interessanter Aspekt der Harmonielehre, da wir die alterierten Akkorde gewöhnlich als besonders kompliziert (auch „schwierig", „schräg") ansehen. Tatsächlich aber erlauben sie „wohlklingende Übergänge".

Zur Praxis: Respondierende Akkordfolgen, Turnarounds.

Finden wir eine längere Melodiepause vor, so können respondierende Akkordfolgen eingebaut werden. Hierzu gibt es eine ganze Reihe von Möglichkeiten, z.B. Kadenzen wie V—I, II—V—I oder Turnarounds. Beliebt ist die „16 - 25" Kadenz, (I—VI—II—V). In C - Dur ist dies die bekannte Akkordfolge C - Am - Dm - G7. Unter einem Turnaround werden aber weitere Akkordfolgen zusammengefasst, wie C - C#°7 - Dm7 - G7 oder C - A7 - D7 - G7.

3. Alterierte Akkorde: Neue Möglichkeiten der Harmonisierung.

Wer sich die Mühe macht, zu einem Musikstück die Akkorde „herauszuhören", wird hin und wieder mit einem Akkord „ringen". Was ist zu tun? Das Patentrezept besteht im „Durchdeklinieren" der Möglichkeiten. Angenommen der Melodieton ist „g", so werden alle Akkorde mit einem „g" im Gefüge gesucht. Dies sind G, Gm, G7, G+, G° (Grundton), Eb (gr. Terz), Em (kl. Terz), C, Cm (Quinte), Bb (Sexte), A (kl. Septime), Ab (gr. Septime), F (None), D (sus4), Cb+ (überm. Quinte).

Möchte man nun ein modern klingendes Arrangement schreiben, so können die alterierten Intervalle neue Möglichkeiten eröffnen. Da wäre zu „g" beispielsweise F#7(b9), H7(#5), Db7 (b5), C#6/9(#11), E7(#9), E7(#9b13), E7(#9#13), Hmaj7(#5), Dbmaj7(b5) einzusetzen.

Beispiel: „Good Night, Ladies":

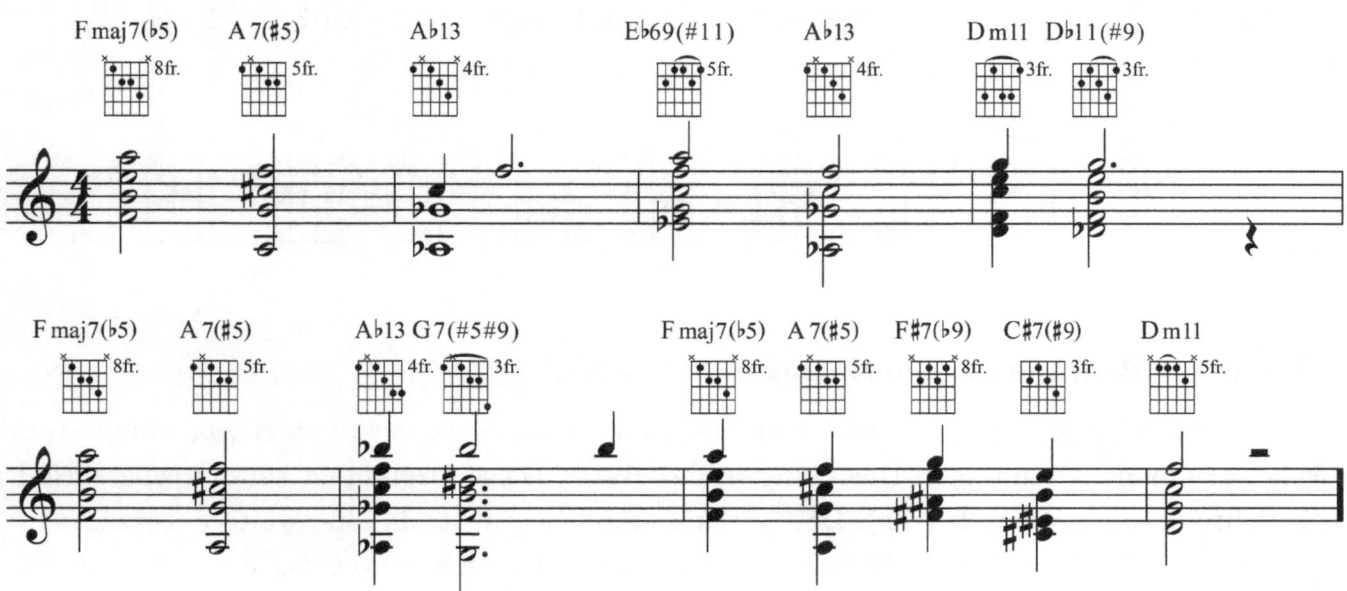

Solche Arrangements entstehen meist durch Probieren. Es gibt zu dieser Art von Harmonisierungen bis dato keine allgemein gültigen Stimmführungsregeln.

Verminderte Akkorde.

Kommen wir nun noch zu der besonderen Bedeutung der verminderten Akkorde. Unter die verminderten Akkorde zählt man a) den verminderten Dreiklang, aufgebaut aus 2 aufeinanderfolgenden kleinen Terzen, und b) den verminderten Septakkord mit 3 aufeinanderfolgenden kleinen Terzen. Die verminderte Septime entspricht der großen Sexte. Um Verwechslungen auszuschließen, werden hier noch einmal verminderter Drei– und Vierklang, sowie der halbverminderte Akkord (m7(b5)), dargestellt.

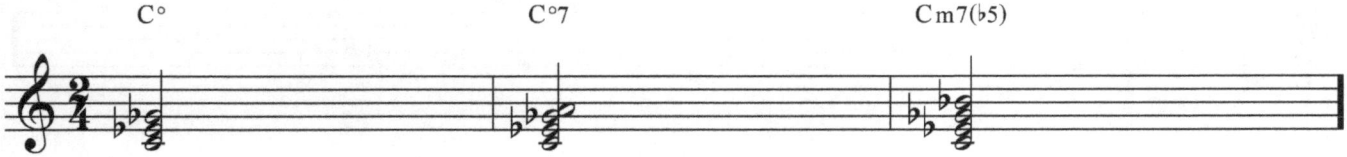

Über die Bedeutung der verminderten Akkorde.

Verminderte Akkorde haben innerhalb der Akkordverbindungen eine besondere Funktion. Sie werden in erster Linie als „Bindeglieder" eingesetzt. Ihr serieller Aufbau - verminderte Akkorde bestehen aus einer Schichtung kleiner Terzen – gibt ihnen die Möglichkeit gegenüber dem Tongefüge neutral zu bleiben. Verminderte Akkorde sind bestens dazu geeignet, im Sinne von „Bindegliedern", chromatische Übergänge zu schaffen. Auch kann man mit verminderten Akkorden chromatische Übergänge harmonisieren (Blocksatz).

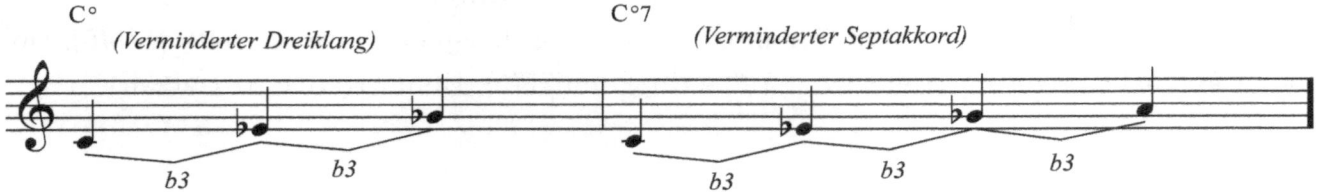

Einsatz des verminderten Akkordes am Beispiel I - II - III in G.

G - Am - Hm kann auf folgende Art ergänzt werden GMaj7 - G#°7 - Am7 - A#°7 - Hm7

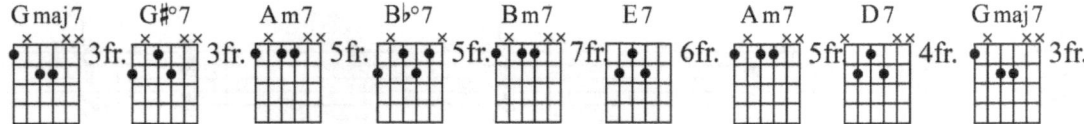

Über die Bedeutung des übermäßigen Akkordes.

Das #5-Intervall (bei Dreiklängen wird meist ein „+"-Zeichen verwendet) gibt einen Hinweis auf einen übermäßigen Dreiklang in der Basis. Diese Dreiklänge sind streng seriell (Schichtung aus großen Terzen). Den Vierklang gibt es nicht, da eine weitere Terzschichtung in der Oktave mündet. Meist sind es die Dominant-Sept-Akkorde, die mit einer #5 versehen werden. Ein #5-Intervall bei Stufe I oder IV kommt gelegentlich vor (Maj7(#5)). Der übermäßige Dreiklang wird auch gerne bei Stufe I verwendet, als Übergangsakkord von Stufe I zu Stufe IV (C-C+-F, siehe Kapitel Begleitung, Subdominantenkadenz).

V-I kann zu V-V(#5)-I erweitert werden: G7—G7(#5) - CMaj7

Ein übermäßiger Akkord besteht aus einer Schichtung zweier Großer Terzen:

Aufbau des Dominant-Sept-Akkordes mit übermäßiger Quinte.

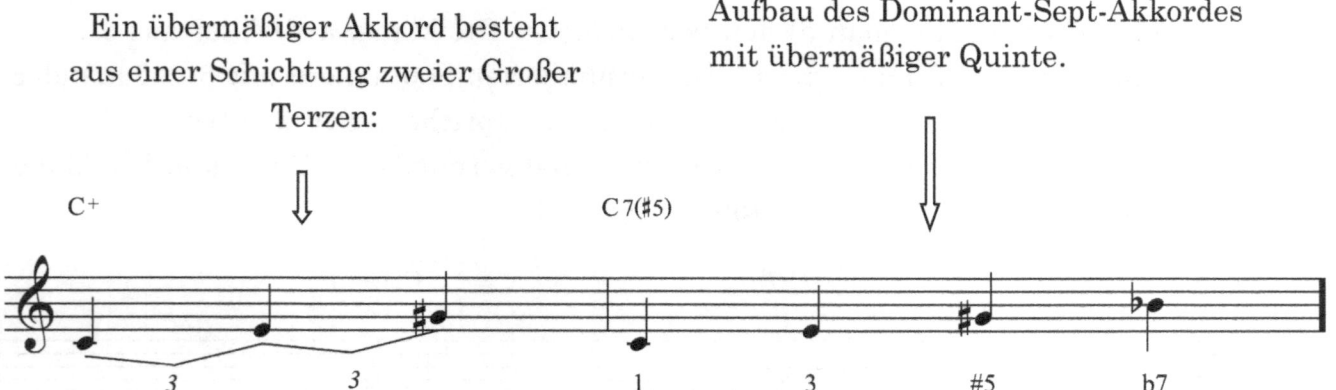

Moderne Sounds: 1. Das System der Cluster-Akkorde.

Moderne Sounds erhält man unter anderem durch sehr eng gebaute Akkorde. Cluster-Akkorde können sowohl begleitende Funktionen erfüllen, als auch eine Melodie harmonisieren. Wie sind Cluster Akkorde aufgebaut? Hierzu schreibt man zuerst die Subterz zur Melodie, dann bildet man die Top-Quinte und schreibt diese nach "unten".

Clusterakkorde, gebildet auf der C-Dur TL:

Wir können nun die Umkehrungen bilden. Die erste Umkehrung erzeugt einen Terz/ Quintakkord (Intervalle von unten nach oben gelesen):

Die zweite Umkehrung erzeugt einen Quint/ Sextakkord:

1 Oktave tiefer:

Strenggenommen handelt es sich hier um *"Semi-Cluster-Chords"*, da ein richtiger Cluster-Chord zwei Sekundschritte in seinem Akkordgefüge aufweist. Eine Gitarre bietet allerdings nur limitierte Möglichkeiten zu deren Erzeugung. Die Semi-Cluster-Chords sind gemeinsam mit den *Quartenakkorden* aus deren Umkehrungen gut für moderne Sounds geeignet.

"Clusterway"

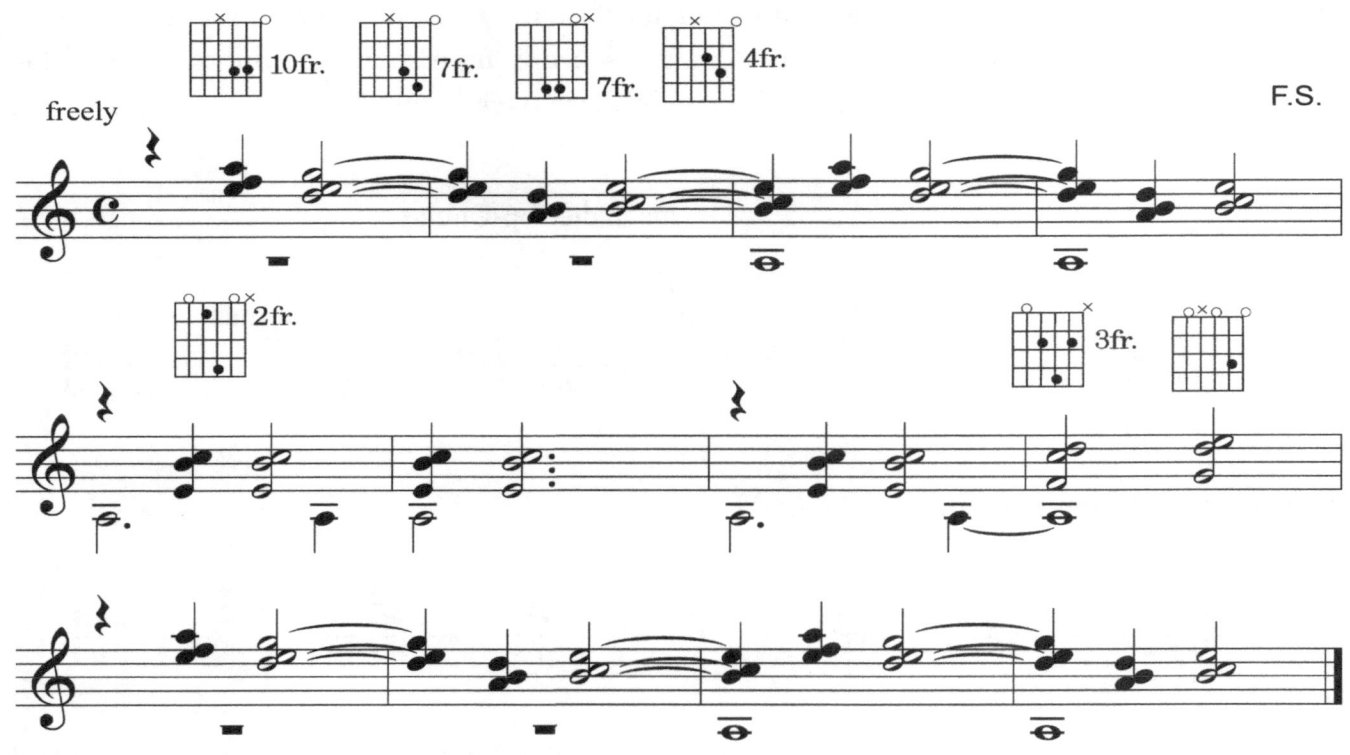

Greensleeves:

Kapitel 6:

Das Jazz-Soloarrangement.

Ein gutes Jazz-Soloarrangement fasziniert jeden Musikliebhaber. Musikalität und technisches Können verbinden sich auf hohem Niveau. Um ein vollständiges Jazzarrangement schreiben zu können, bedarf es sehr guter instrumentaler Fähigkeiten.

Das Jazz-Soloarrangement.

Das Geheimnis eines guten Jazz-Soloarrangements besteht in einer

1. Synkopischen, jazzigen Melodieführung (Melodiebearbeitung).

2. Harmonisierung mit mehrstimmigen Akkorden.

3. Berücksichtigung von „smarten" Voicings (Stimmführungen in den Harmonien).

4. Interpretation, welche Simulationen berücksichtigt.

5. Abwechslung im Verlauf

Jazzige Melodieführung durch deren Synkopierung.

Wird eine „gerade" Melodie jazzig bearbeitet, so werden einzelne Töne vorgezogen (antizipiert) oder später angespielt (retardiert). Die Betonungen fallen dadurch auf die unbetonten Taktteile (Synkopierung, synkopierte Melodie siehe „Oh, When the Saints...", S. 84).

Mehrstimmige Akkorde in der Harmonisierung.

Es sind nicht die Dreiklänge, sondern Vier– und Fünfklänge, die das Geschehen bestimmen. Modulationen und II-V-Verbindungen sind im Jazz allgegenwärtig.

„Smarte" Voicings (Stimmführungen in den Harmonien).

Ähnlich wie in der Klassik, so achtet man bei Jazzarrangements darauf, dass Stimmen „liegenbleiben", dass also die Akkorde so miteinander verbunden werden, dass häufige Parallelbewegungen ausbleiben. Sehr effektvoll klingen auch Akkordverbindungen, die einen gleichbleibende obersten Ton (1. Stimme) aufweisen.

Simulationen.

Was versteht man unter Simulationen? Wir simulieren dabei auf der Gitarre andere Instrumente, wie beispielsweise eine Gruppe von Bläsern, einen Walking-Bass, hoch– oder tiefklingende improvisierende Instrumente oder ein Klavier. Allein die Tatsache, dass beim Probieren an eines oder eine Gruppe von Instrumenten gedacht wird, erzeugt eine Nähe zu diesen. Es geht dabei auch gar nicht um eine 1:1 - Übertragung vom Orchester auf das Instrument Gitarre - es genügt vollauf die Andeutung, eine kleine Sequenz. Dies können z. B. zwei Takte Walking-Bass sein. Das Solo-Jazzarrangement bleibt somit skizzenhaft, fragmentarisch!

Abwechslung.

Abwechslung entsteht durch Tonartwechsel, durch einen Tonhöhenwechsel oder durch eine große Bandbreite von Simulationen (Improvisationsteile, Melodie in verschiedenen Registern).

Das Jazz-Soloarrangement.

Fallbeispiel: „St. James Infirmary Blues"

Langsam, getragen...

Schritt 1: Melodiebearbeitung (Tempo: medium swing)

Schritt 2: Neu-Harmonisierung mit Jazzakkorden.

Akkorden und Melodie kombinieren.

Im nächsten Schritt werden die Akkorde mit dem Melodiegeschehen verknüpft (S.82, 86). Unser Augenmerk richten wir wieder auf die „melodiefreien Zonen" oder die langen Töne am Ende einer Melodiesequenz. Eine Gleichzeitigkeit von verschiedenen Stimmen ist mit der Fingerstyle-Technik eher gewährleistet als bei der Art, die Gitarre mit dem Plektrum zu spielen. Ein geschicktes „Nacheinander" von Melodie und Nebenstimmen gleicht das Manko mehr als aus, da eine solche Spielweise dem Charakter des Jazz entspricht. Einwürfe können, wie wir gleich sehen werden, zuweilen aus einer korrespondierenden Melodielinie oder aus einem „kräftigen" Akkordverbund bestehen. Verbinden wir die Einwürfe mit dem Gedanken an ein weiteres Instrument oder eine Instrumentengruppe, so erhalten wir entscheidende Impulse für die Interpretation des Stückes. Auch lernt man dabei, orchestral zu denken und bereitet damit den Boden zum Arrangieren für ein größeres Ensemble.

Arrangements mit Vortragslänge: „St. James Infirmary", „Oh, When the Saints"

„St. James Infirmary" (S. 82) ist stilistisch dem Blues zuzuordnen, die Stimmung ist „schwer", das Tempo im unteren mittleren Bereich. Einen Jazztitel ganz anderer Art findet man in „Oh, When the Saints..." - dieser Song ist echt „hot (S.84)".

Einen Plan erstellen.

Ein Arrangement mit Vortragslänge (etwa 3 Minuten) will geplant sein. Um eine Vortragslänge zu erhalten, wird man Zusatzteile, Wiederholungen und Variationen benötigen. Schauen wir uns den Aufbau von dem nun folgenden „St. James Infirmary" an:

1. Intro (8 Takte) - bereitet die Stimmung vor.

2. Thema mit Wiederholung (2x 16 Takte)

3. Improvisation (1x 16 Takte)

4. Wiederholung eines Melodieteiles (1x 16 Takte)

5. Schlussteil: Verlängerung um 8 Takte

70 Takte, Dauer 2:30

Break und solistischer Einstieg.

Eine beliebte Methode, den Improvisationsteil einzuleiten, besteht in einem Break am Ende des Themas, in den der 1. Improvisierende „hineinspielt" (quasi als Auftakt).

Turnarounds.

Akkordeinwürfe auf der Basis von Turnarounds sind eine tolle Sache. Man sollte aber deren Einsatz begrenzen und versuchen, alternative Einwürfe hinzuzunehmen (siehe folgendes Beispiel „St. James Infirmary").

Ein typisches Jazz-Ending (à la Count Basie).

Eine effektvolle und sehr bekannte Schlusspassage finden wir im Beispiel „Oh, When the Saints..." (S.85 unten). Ausgehend von der Tonika, geht es in Akkorden schrittweise - chromatisch abwärts bis zur Dominante 3. Ordnung (z.B. C-H-B-A7), um über II-V-I auf die Tonika zurückzukommen. Der Rest ist „Count Basie".

St. James Infirmary

Trad./Arr.
Felix Schell

83

Oh, When the Saints Go Marching In

Gospel / Trad.

Arr: Felix Schell

St. James Infirmary - Bearbeitung für Band.

Am   Am(maj7)   Am7   Am6   Am   Am(maj7)   Am7   Am6

Die korrespondierende Linie
(Flöte) steht im Zusammenhang
mit der Akkordbegleitung.

Piano oder Bläser

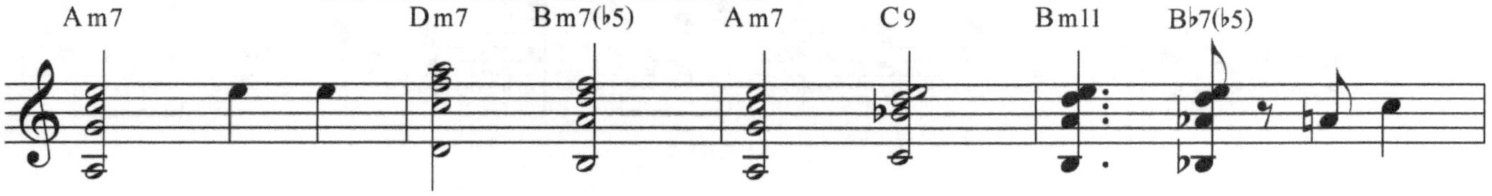

Am7   Dm7   Bm7(♭5)   Am7   C9   Bm11   B♭7(♭5)

„melodiefreie Zone" mit Turnaround: Piano oder Bläser

Am   Am(maj7)   Am7   Am6   Am   F♯7(♯9)

Korrespondierende Linie (Flöte)

„Tutti" (pianissimo)

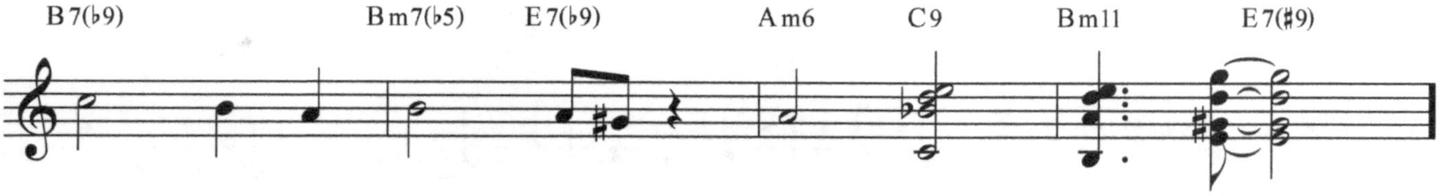

B7(♭9)   Bm7(♭5)   E7(♭9)   Am6   C9   Bm11   E7(♯9)

Piano oder Bläser

Bass-Figuren (z.B. Intro, Mittelteil, Ending).

Ob als Intro oder Zwischenspiel, eine Bassfigur setzt einen vorbereitenden Akzent.

1. Möglichkeit:

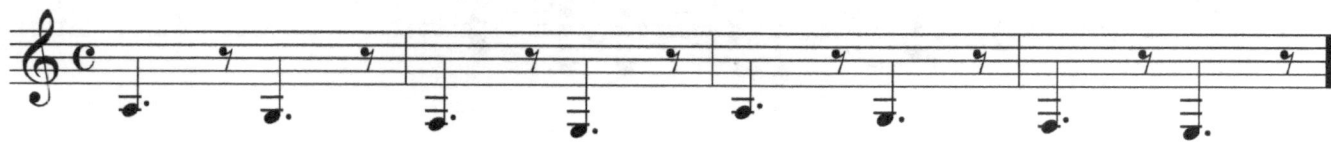

2. Möglichkeit:

Jazzharmonien gekonnt einsetzen.

Die folgenden Beispiele klingen durch die Verwendung von jazztypischen Akkordverbindungen reizvoll und charmant. Die wichtigsten Regeln der Reharmonisation wurden bereits besprochen. Was ist zu tun, wenn lediglich Melodie und Basis-Harmonisierung zur Verfügung stehen? Schauen wir uns hierzu den irischen Song „Auld Lang Syne" an.

Auld Lang Syne (Basis-Harmonisierung):

C nach G7 (I - V) - einige mögliche Erweiterungen:

1. Cmaj7 - Dm7 - G7, 2. Cmaj7 - Am7 - Dm7 - G7, 3. Cmaj7 - D7 - G7, 4. Cmaj7 - Am7 - D7 - G7, 5. Em7 - Am7 (A7) - Dm7 - G7 (in der Mitte eines Stückes), 6. Em - Em/D - Em/Cis - A7.

C nach F (I - IV) - einige mögliche SDK-Erweiterungen:

1. Cmaj7 - C7 - Fmaj7 - F#°7 (Fm7), 2. Cmaj7 - Gm7/C7 - Fmaj7 - F#°7 (Fm7), , 3. Am7 - Gm7/C7 - Fmaj7 (in der Mitte eines Stückes).

G7 nach C (V - I)

1. F/G - Cmaj7, 2. F/G - G9 - Cmaj7 3. G7(#5) - Cmaj7, 4. G7(b5) - Cmaj7

<u>Aufgabe:</u> Erarbeiten Sie nun zu „Auld Lang Syne" eine Reharmonisation und vergleichen Sie ihr Ergebnis mit dem der Musterlösung auf Seite 90.

Danny Boy

Irisches Traditional
Arr. Felix Schell

88

Auld Lang Syne (Jazz)

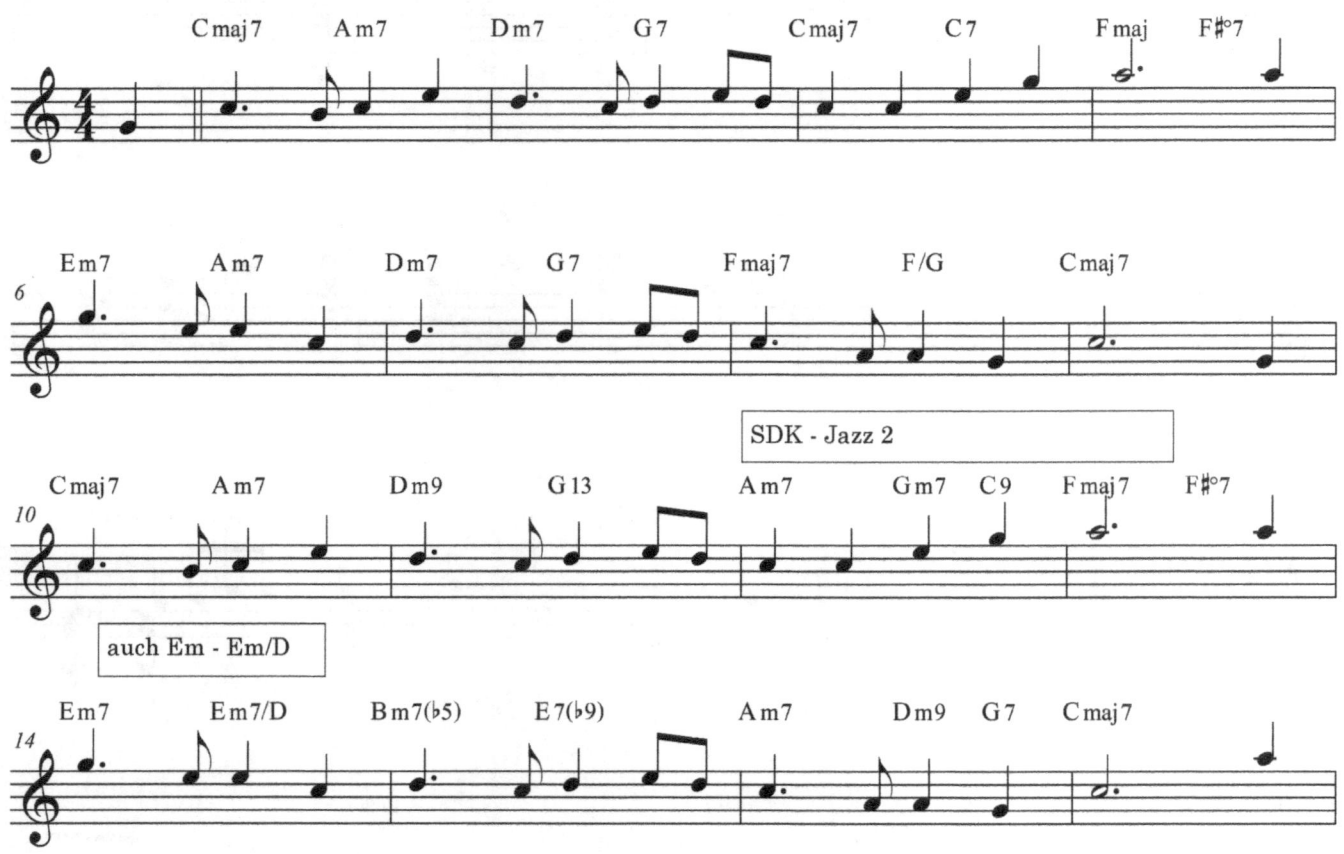

Das balladeske Jazzarrangement (Danny Boy).

Schöne Jazzballaden verzaubern mit Harmonien. Der irische Song „Danny Boy" (S. 88) ist hierfür ein Paradebeispiel. „Danny Boy" beginnt mit einer SDK - Verbindung (Cmaj7 - C7 - F). Gerne hätte ich als Arrangeur eine Gm7 - Akkord vor den C9 gesetzt. Doch lässt dies die Melodie nicht zu. Um aus dieser Not eine Tugend zu machen, wurde der Gm7 jedoch im (melodiefreien) Intro berücksichtigt. Der folgende Bb/C - Akkord ist eine passende Substitution für den C9 - Akkord.

Akkordlagen im Jazz.

Den wahren Jazz-Sound erhält man durch die Verwendung typischer Jazzakkorde. Schaut man sich die Arrangements auf den vorhergehenden Seiten an, so sind weite Passagen in der offenen Lage spielbar. Dies ist jedoch nicht im Sinne einer Jazzinterpretation. Die Akkorde sind so zu wählen, dass die Positionen zwischen Bund 3 und Bund 8 bevorzugt werden (leer klingende Saiten vermeiden).

Kapitel 7:

Stil und Form.

Ein Arrangement setzt sich aus verschiedenen Teilen zusammen. Wie unterscheidet sich der Aufbau eines Musikstückes in den verschiedenen Musikrichtungen. Eine kurze Betrachtung zu populärem Song (Chanson), Blues und Jazz.

Eurovision Song Contest: Aufbau eines Chansons.

Alljährlich treffen sich die Länder Europas (und deren Nachbarn) zum „Eurovision Song Contest". Bei diesem Wettbewerb geht es nicht allein um die Präsentation einer begabten Stimme und um ein Bühnenspektakel, sondern auch um Musik. Als Arrangeur richten wir einmal unser Augenmerk auf die Gestaltung der Musik. Nach welchem Muster funktioniert ein Chanson?

Aufbau eines Chansons, Songs, Pop, Schlager.

1. Intro (bietet dem Sänger einen Einstieg, bereitet die Stimmung vor, z.B. 8 Takte)

2. Erste und zweite Strophe (z.B. je 16 Takte, „erzählend")

3. Refrain (Mittelteil) - „Antwort" auf die Strophen, „eingängig" (z.B. 8 oder 16 Takte)

4. Möglich aber nicht zwingend erforderlich: „kurzes Interlude"

5. Dritte Strophe (höhere Dichte an begleitenden Instrumenten, Chorsängern etc.)

6. Refrain (höhere Dichte)

7. Tonartwechsel: Strophe, Refrain und Schluss

Tonartwechsel gegen Ende der Aufführungszeit.

Gerade der Tonartwechsel (meist einen Halbtonschritt nach oben) ist für die Darbietungen im Rahmen des „Eurovision Song Contest" nahezu obligatorisch. Wer bis zu diesem Moment geglaubt hat, die Leistung des Sängers und seiner Mannschaft seien ausgeschöpft, wird eines Besseren belehrt: Der Song klingt von diesem Moment an noch einmal strahlender, heller, kraftvoller - und einfach atemberaubend! Erschöpft sich damit das Repertoire der Möglichkeiten?

Hoher Melodieton in der letzten Strophe.

Ein langanhaltender, hoher Melodieton wird selten gleich in der ersten Strophe zu hören sein. Bei einem Projekt, bei dem es in der jeder Sekunde um die Aufmerksamkeit des Zuschauers geht, wird „das Pulver solange trocken gehalten", bis der richtige Moment gekommen ist. Und der richtige Moment ist in der letzten Strophe, vor dem finalen Refrain! Statt, wie in den Eingangsstrophen, die Melodie nach unten zu führen, treibt man sie auf einen hohen, anhalten Ton zu. Was nun folgt, ist ein fulminanter Schlussteil mit Refrain und einem Ending von 8 oder 16 Takten. Der Applaus, die gehaltene Aufmerksamkeit, der Wunsch, die Darbietung noch einmal zu erleben, das sind die Faktoren für den Erfolg eines Titels beim „Eurovision Song Contest".

Erfolgsrezepte sind mit Vorsicht zu genießen.

Der Blues.

Der Blues vereint Elemente der westlichen und der afrikanischen Musikkultur! In der Neuen Welt, dem jungen Amerika, entstand diese Fusion. Schauen wir uns die Elemente an: Die Begleitakkorde entsprechen den Akkorden, die wir in den Stufen Tonika, Subdominante und Dominante vorfinden (I, IV und V). Dazu gesellen sich Melodietöne, die keine Verbindung zur diatonischen Tonleiter erahnen lassen. So gesehen ist der Blues ein Hybridsystem aus den Hauptstufen der westlichen Musik und einer archaischen Tonleiter. Die 12-taktige Bluesform kann in 3 x 4 Takte aufgeteilt werden. Dabei ergibt sich häufig ein Bild aus wiederholter Aussage und Antwort:

Backwater Blues

Backwater Blues done call me to pack my things and go *(Aussage)*

Backwater Blues done call me to pack my things and go *(Wiederholung, Spannung)*

'cause my house fell down and I can't live there no more *(korrespondierende Antwort)*

Sänger haben zu allen Zeiten eine Melodie und deren Form dazu verwendet, eine neue Aussage „an das Publikum" zu richten (Message). Nicht anders ist es beim Blues. Die Bluesform dient dem Interpreten als Gestaltungsfundament. Die Musik ist dabei „Diener" der gesungenen Aussage - jedoch im besten Sinne. Dabei haben sich über Jahrzehnte hinweg wirkungsvolle, theatralische Stilmittel etabliert. Bluesmusiker verstehen es exzellent, eine Live- Performance spannend zu gestalten. Als einer der bedeutendsten Vertreter des Blues darf wohl *B.B. King* gelten: Er singt, und lässt seine Gitarre antworten (Frage/ Antwort), im Verlauf des Stückes werden Breaks (=nur der Sänger ist aktiv, die Band schweigt) eingebaut, Aussagen werden nachdrücklich wiederholt (s. o. "Backwater Blues"). Wir können festhalten: Das Spannende am Blues ist das theatralische Element.

Form des Blues

Intro

Erste und zweite Strophe

4 Takte Break und Vollendung der Strophe

Instrumentalsolo (12 oder 24 Takte, z.B. Gitarrensolo)

4 Takte Break und Vollendung der Strophe

Letzte Strophe (hoher Melodieton möglich).

4 Takte Break und fulminanter Schlussakkord (Tonika)

Der Blues kennt keinen Tonartwechsel (selten: Refrain). Der im Musikgeschäft erfolgreiche Rhythm' & Blues verbindet Stilelemente des Blues mit denen anderer Musikrichtungen.

Das Jazz-Arrangement (Jazz-Combo).

Jazz Arrangements entstehen auf dem Papier, oft aber auch spontan, meist kurz vor Spielbeginn. Änderungen im Ablauf erfolgen gerne auf Handzeichen „on cue". In der Jazzmusik geht es primär um Improvisation, um Swing und den Sound einer Band.

Das Intro im Jazz.

Ein komponiertes Intro findet man selten im Zusammenhang mit einer Jazzclub-Band. Meist ist es der Drummer, der mit 4 oder 8 Takten einführt.

Jazz-Standard, Blues und Rhythm Change.

Unter einem „Standard" oder einem „Jazz-Standard" versteht man einen bekannten Song aus Musical oder Film („Autumn Leaves"), eine bekannte Jazzkomposition („Take Five") oder auch der Popmusik („Yesterday").

Der Blues des Jazz hat mit dem „ursprünglichen" Blues (Country Blues, Urban Blues) die Form (12 Takte) gemeinsam. Ansonsten gibt es wenig Gemeinsamkeiten. Der Blues im Jazz ist vorwiegend Improvisationsform und sehr gut für Sessions geeignet. Man unterscheidet zwischen Moll - Blues und Dur-Blues - Harmoniefolgen.

Die Rhythm Change Form besteht aus 4 x 8 Takten, die Form ist AABA. Ein A-Teil besteht aus einer mehrfachen Wiederholung eines Turnarounds, der B-Teil (auch „Bridge") aus einer Quintenkette.

Aufbau eines Jazzarrangements (Combo).

Intro: 4 oder 8 Takte Drums

1 x Thema (bei langen Stücken), 2 x Thema (bei kurzen Stücken, z.B. „Blues")

Möglich: 4 Takte Break (die letzten 4 Takte des Themas) und Einstieg in die Improvisation

Mehrere Improvisationsdurchgänge (auch Solist nach Solist), Bläsereinwürfe sind möglich

Bass Solo oder Drum Solo (möglich)

Vier von Vier—Improvisation: 4 Takte Drums solo/ 4 Takte Solist 1 mit Begleitung/ 4 Takte Drums solo/ 4 Takte Solist 2 mit Begleitung u.s.w. (die Form „läuft mit")

Thema, mehrfache Wiederholung der letzten 4 Takte, Schlussakkord

Half-Time und Double-Time.

Unter *Half Time* versteht man die Reduzierung des Tempos auf dessen Hälfte (z.B. Ausbau eines *Endings*), beim *Double-Time* wird das Tempo verdoppelt (z.B. um eine *Ballade* in einen *Straight-Swing* zu überführen. Die Änderungen erfolgen plötzlich, ohne Übergang.

Jazz: Schnörkellos, konsequent

Kapitel 8:

Die Rhythmusgruppe.

Beim Schreiben für eine Band sind zwei Dinge wichtig: Der Ablauf mit seinen verschiedenen Komponenten wie Intro, Form, Zwischenspiel und Ending und das „Feeling". Wie sich Jazz und Latin voneinander unterscheiden und wie eine Rhythmusgruppe in den verschiedenen Stilen miteinander funktioniert, zeigt dieses letzte Kapitel.

Binäre und ternäre Rhythmik.

Man unterschiedet zwischen binärer und ternärer Rhythmik. „Binär" steht für eine „gerade, gleichmäßige" Ausführung von Achtelnoten. Die „ternäre" Ausführung dagegen orientiert sich an einer Achtel-Triolenfigur, wobei der Tonwert der ersten Achtel zwei Achteltriolen entspricht *(Swing-Achtel, siehe Schreibweise und Ausführung).*

Rhythmik und Notation.

Notationen sollten effizient sein. Musiker sind angehalten, Interpretationen korrekt umzusetzen.

Jazz, Swing .....   Schreibweise

und Ausführung:

Die Charakteristika des Jazz.

Die Jazzmusik charakterisiert sich wie folgt: Ternäre Rhythmik, Betonung fällt auf „2 und 4" *(Finger-Snap),* synkopische Melodie, mehrstimmige Akkorde.

Die Charakteristika des Blues.

Der Blues charakterisiert sich wie folgt: meist ternär, Betonung fällt auf „2 und 4" *(Finger-Snap),* synkopische Melodie, Dreiklänge, Jazz-Blues siehe „Jazz".

Die Charakteristika der Latinmusik.

Bossa und Samba charakterisieren sich wie folgt: Binär, Betonung auf „1 und 3", synkopische Melodie, mehrstimmige Akkorde.

Moderne Unterhaltungsmusik.

Funk, Disco und Easy Listening charakterisieren sich wie folgt: Binäre Rhythmik, Betonung auf „1 und 3", Sechzehntel-Rhythmik, mehrstimmige Akkorde.

Die hier aufgeführten Charakteristika verstehen sich als „grober Kompass", jeder einzelne Stil kennt viele Varianten und Ausprägungen, die sehr unterschiedlich sein können.

Das Schlagzeug notieren.

Ein Schlagzeug notieren zu müssen, ist die Horrorvorstellungen jedes Gitarristen. Glücklicherweise ist unser eigener Körper ist ein perfektes Allround-Instrument. Man kann nicht nur mit der Stimme viele Instrumente imitieren und sie somit auch besser notieren, sondern man kann auch jeden Drum-Groove mit einfachsten Mitteln erzeugen. Das ist durchaus nicht auf das Klatschen mit den Händen beschränkt. Denken Sie an das Tappen mit dem Fuß auf den Boden ("Bass-Drum") und einen Schlag mit dem Zeigefinger auf die Tischplatte ("Snare").

Hier einige Beispiele:

97

Ein Drum-Groove mit „Fuß-Tap", „Fingersnap" und einem stimmlichen Zischlaut-Becken!

Mehr Synkopen im Drum - Groove (Bossa, Samba):

Schreiben für eine Rhythmusgruppe.

Zur Rhythmusgruppe gehören im Kern Schlagzeug und Bass, man zählt außerdem die Akkord-Begleitung durch Gitarre oder Piano hinzu. Bass und Drum-Set werden selten genau notiert. Dies trifft auch auf die Akkordangaben für Gitarre oder Piano zu. In der Regel erfassen mitwirkende Musiker die Notation als Vorschlag auf und gestalten die Ausführung stilgerecht nach ihren Vorstellungen.

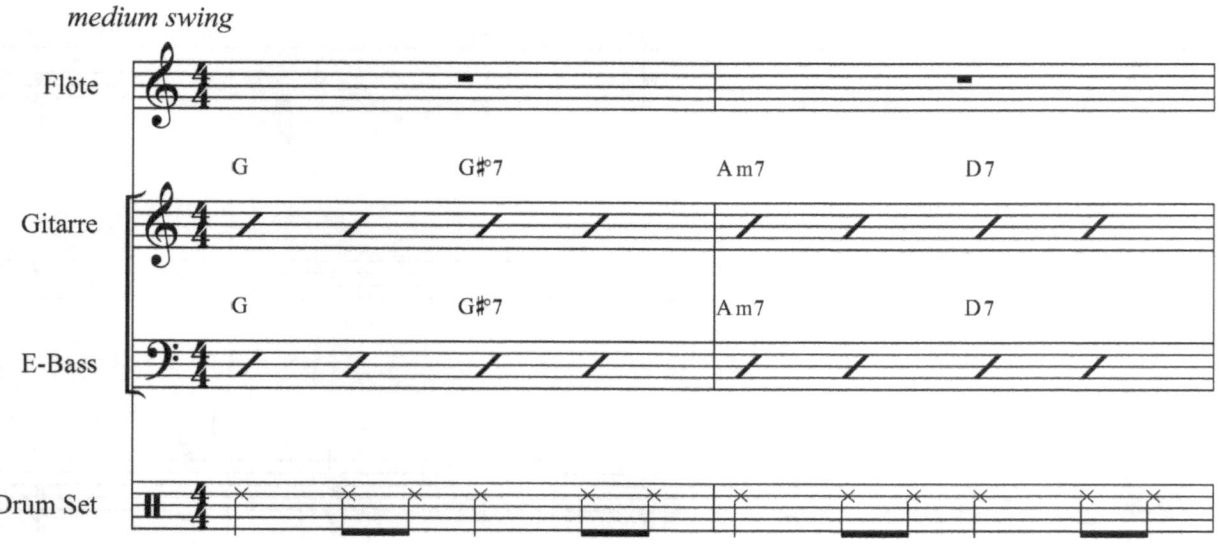

Ausführung:

Die Gitarre spielt „Comping Chords" (Akkordbegleitung als rhythmische Einwürfe), der Bassist spielt einen „Walking-Bass", der Drummer eine „Swing-Jazz-Begleitung".

Schlussbetrachtungen.

Das diatonische System und dessen heutige Bedeutung.

Erinnert uns die diatonische Tonleiter nicht ein wenig zu sehr an „Alle meine Entchen" und „Hänschen klein"? Sind nicht die Pentatonic- und die Blues- Scale weitaus zeitgemäßer? Sind die Regeln der Harmonielehre also heute noch praxisrelevant? Das sind Fragen, die einmal gestellt werden dürfen. Tatsache ist, dass praktisch alle Akkorde auf Grundlage der diatonischen Tonleiter herzuleiten sind. Ein Beispiel: Die Akkorde unterscheiden sich in Dur und Moll - doch warum? Doch nur, weil wir innerhalb der Tonleiter Halbtonschritte vorfinden.

Auf Basis einer Blues-Scale oder auch einer pentatonischen Tonleiter können wir nur wenige Akkorde herleiten. Dasselbe gilt für die seriellen Tonleitern. Nun lässt sich feststellen, dass wir die aus dem diatonischen System geschöpften Akkorde im Prinzip zu praktisch allen anderen Tonleitern verwenden können. So haben wir mit der traditionellen Harmonielehre eine Basis, auf der durchaus neue Dinge entstehen können.

Akkorde und deren Verbindungen.

Wenn wir die Akkorde wirklich verstehen wollen, müssen wir neben deren Aufbau auch deren Bindungsfähigkeit studieren. Jeder Akkord hat die Tendenz, Verbindungen in verschiedene Richtungen einzugehen. Bevor man allerdings tiefer in diese Materie einsteigen kann, müssen die Wechsel der Hauptstufen Tonika und Dominante sowie der Einbezug von Substituten selbstverständlich sein. Übrigens: Die Qualität der Akkordverbindung hat bei einem Arrangement immer oberste Priorität. Unter diesem Aspekt ist es manchmal sogar empfehlenswert, die Melodie den Akkorden anzupassen.

In Moods schreiben.

Ein weites, noch nahezu unbeackertes Feld ist das Schreiben in Moods. Ob dorisch, phrygisch, lydisch und mixolydisch, hier gibt es noch eine Menge zu tun. Die diatonische Tonleiter und deren Moll-Derivate (äolisch, harmonisch– und melodisch Moll) sind die „stabilen" Systeme. So ist die diatonische Tonleiter aufgrund der Leittöne äußerst stabil. Der Leitton „h" führt zum Grundton „c". Wenn wir aber in der Dorian Mood musizieren, müssen wir diese Leitton-Auflösung „ausblenden" und an den Grundton „d" denken. Diese charakteristische Instabilität der Moods kann zu interessanten Kompositionen und Arrangements führen.

In „ungeraden" Taktarten schreiben.

Was für die Moods gilt, gilt auch für die Metren. Die „normalen" Metren sind 4/4, 3/4, 2/4, 6/8, 9/8 und 12/8. Ein 5/4 ist eine Kombination aus 3/4 und 2/4, ein 7/4 Takt ist eine Kombination aus 4/4 und 3/4. Arrangements und Kompositionen mit ungeraden Metren sind eine wunderbare Sache.

Good luck!

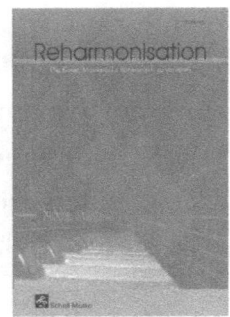